Szenario-Management als Instrument zur Geschäftsfeldplanung

von

Jochen Kiesel

Tectum Verlag
Marburg 2001

Die Deutsche Bibliothek - CIP-Einheitsaufnahme

Kiesel, Jochen:
Szenario-Management als Instrument zur Geschäftsfeldplanung
/ von Jochen Kiesel
- Marburg : Tectum Verlag, 2001
ISBN 978-3-8288-8239-3

Tectum Verlag
Marburg 2001

Vorwort

Das vorliegende Buch befaßt sich mit den Möglichkeiten, ein Unternehmen auf der Grundlage verschiedener Zukunftsaussichten (= Szenarien) strategisch (neu) auszurichten. Dazu gilt es unter Abwägen von Chancen und Risiken ein langfristig - aus der Sicht der Unternehmensführung - aussichtsreiches Portefeuille von Geschäftsfeldern zu bestimmen. Die Chancen dabei die Unsicherheit zukünftiger Entwicklungen durch alternative Szenarien einzufangen, werden im folgenden aufgezeigt.

Im Anschluß an den einleitenden Überblick werden zunächst im 2. Kap. strategische Geschäftsfelder als Ausgangspunkt für eine Szenario-Anwendung näher betrachtet. Nach einer Begriffsbestimmung wird auf deren Planung eingegangen, grundsätzliche Strategietypen genannt und eine Strukturierung von Umwelteinflüssen vorgenommen. Weiterhin werden im Rahmen der Geschäftsfeldplanung angewandte strategische Analysemethoden vorgestellt und schließlich Wahlmöglichkeiten für ein Untersuchungsfeld dargelegt.

Anschließend wird im 3. Kap. der Szenario-Erstellungsprozeß beschrieben, wobei verschiedene Ansätze Beachtung finden. Dazu erfolgt eine Orientierung an drei Hauptphasen, nachdem vorab auf vorbereitende Maßnahmen eingegangen wird.

Im 4. Kap. erfolgt schließlich die Anwendung der Szenarien auf Strategien. Hierzu werden im Anschluß an die Darstellung der Auswertungsmöglichkeiten grundsätzliche Ansätze zur Strategieentwicklung und -auswahl bei Vorliegen mehrerer Szenarien vorgestellt und anhand von drei Kriterien eingeordnet. Danach wird die Strategiebestimmung unter Berücksichtigung dieser Ansätze betrachtet.

Den Abschluß bildet im 5. Kap. eine kritische Beurteilung sowie ein Ausblick über weitere Einsatzmöglichkeiten des Szenario-Managements.

Mein Dank gilt meinen Betreuern Herrn Professor Dr. Horst Koller und Herrn Dr. Carsten Becker für deren Hilfe und Unterstützung bei der Anfertigung der vorliegenden Arbeit. Ebenfalls danken möchte ich den weiteren

Mitarbeitern des Lehrstuhls, Frau Hermine Schöffmann-Stadler, Herrn Dr. Roland Erben sowie Herrn Dr. Frank Piller für wertvolle Hinweise, ihr Verständnis und ihre aufmunternden Worte während der Erarbeitungszeit.

Besonders erwähnen möchte ich meine Kollegen die Herren stud. rer. cand. Javor Fak, Jens Jüttner und Georg Schanz, ohne die zahlreiche Fehler und unschöne Formulierungen unentdeckt geblieben wären.

Bleibt mir nur noch mich bei den wichtigsten Personen zu bedanken, meiner Familie sowie Herrn stud. rer. cand. Stefan Häusler, die mir neben Korrekturen vor allem zwischenmenschliche Unterstützung zukommen ließen.

Kist, im Juni 2000   Jochen Kiesel, Dipl.-Kfm.

Inhaltsverzeichnis

Abkürzungsverzeichnis

a. M.	am Main
AS	Aktivsumme
Aufl.	Auflage
Bankd.	Bankdienste
bspw.	beispielsweise
BZV	bargeldloser Zahlungsverkehr
bzw.	beziehungsweise
DB	Der Betrieb
d.h.	das heißt
Dienstleist.	Dienstleistungen
elektr.	elektronischer
evtl.	eventuell
f.	folgende
Gesellsch.	Gesellschaft
gesellschaftl.	gesellschaftliche
H.	Heft
Hrsg.	Herausgeber
i.d.R.	in der Regel
Jg.	Jahrgang
Kap.	Kapitel
KonTraG	Gesetz zur Kontrolle und Transparenz im Unternehmensbereich
max.	maximal
o. H.	ohne Heft
o. J.	ohne Jahr
PS	Passivsumme
ROI	Return-on-Investment
S.	Seite
s.	siehe

SBA	Strategic Business Area
SBU	Strategic Business Unit
SGE	strategische Geschäftseinheit
SGF(s)	strategisches Geschäfts-feld(er)
sog.	sogenannt
Sp.	Spalte
SzU	Schriften zur Unternehmens-führung
t	Zeit
technolog.	technologische
u. a.	unter anderem
u.	und
usw.	und so weiter
vgl.	vergleiche
weitreichend.	weitreichende
wirtschaftl.	wirtschaftliche
WiST	Wirtschaftswissenschaftliches Studium
WISU	Das Wirtschaftsstudium
z.B.	zum Beispiel
ZfB	Zeitschrift für Betriebswirt-schaft
ZfbF	Schmalenbachs Zeitschrift für betriebswirtschaftliche For-schung

Abbildungsverzeichnis

1 Grundlagen des Szenario-Managements

1.1 Wachsende Bedeutung des Szenario-Managements

Mit Beginn des Jahres 1999 begann für den europäischen Wirtschaftsraum ein neues Zeitalter: Der Euro wurde offizielles Zahlungsmittel und löste die nationalen Währungen ab. Europäische Unternehmen stellen sich deshalb primär folgende Fragen, wenn sie in die Zukunft blicken: Was hat dies für Auswirkungen? Wie verändert sich die europäische Wirtschaftslage? Doch die Entwicklung läßt sich nicht eindeutig vorherbestimmen. Bereits im Vorfeld sagten renommierte Experten unterschiedlichste Auswirkungen der Euro-Einführung voraus, die meistens durchaus plausibel erscheinen. Doch welche Folgen werden Realität?

Der Euro ist kein Einzelfall. Ein weiteres aktuelles Beispiel ist der umstrittene Ausstieg Deutschlands aus der Atomenergie, der „plötzlich" durch den Regierungswechsel 1998 aktuell geworden ist. Damit wurden vor allem die deutschen Energiekonzerne mit einer völlig neuen Situation konfrontiert, falls sie den Regierungswechsel mit diesen Folgen nicht bereits im voraus als Möglichkeit in Betracht gezogen hatten.

Diese beiden Beispiele sollen verdeutlichen, daß die Unternehmen einer sich ständig ändernden Umwelt gegenüberstehen, die in den letzten 20 Jahren an Dynamik und an Komplexität noch zugenommen hat. Dies wird unter anderem durch neue globale Märkte, aktuelle Fusionswellen oder neue (Informations-) Technologien deutlich. Das sich die Unternehmen diesen Entwicklungen anpassen müssen, zeigt sich am Beispiel des anfänglichen Stahl- und Röhrenkonzernes Mannesmann, der von seinen ursprünglichen Betätigungsfeldern lediglich noch im Röhrengeschäft tätig ist und statt dessen zum Telekommunikationskonzern umgebaut wurde.[1]

---

[1] Vgl. Schneider/Voss (Call-Center), S. 2.

Veränderte Bedingungen bzw. deren Folgen können meist nicht mehr mit ausreichender Sicherheit vorherbestimmt werden, zumal die Ungewißheit mit Zunahme des Betrachtungszeitraumes steigt. Die Auswirkungen dieser Veränderungen sind vielfältiger Natur und lösen wiederum neue Bewegungen aus. Als Betroffene müssen sich die Unternehmen darauf einstellen. Dies ist umso besser möglich, je stärker die Ungewißheit von diesen wahrgenommen und in Entscheidungen miteinbezogen wird. Eine bewußte Auseinandersetzung mit der wachsenden Unsicherheit läßt aber keine eindeutige Fortschreibung der Vergangenheit mehr zu, vielmehr ist ein Denken in Alternativen gefragt. Ein möglicher Ansatz, der daran ansetzt und zusehends an Bedeutung gewinnt, ist das Szenario-Management.

1.2 Begriff und Konzept des Szenario-Managements

Funktional gesehen umfaßt das Management sämtliche Aufgaben, die zur Leistungssteuerung einer Unternehmung nötig sind.[2] Aus verschiedenen Konzepten, diese näher zu bestimmen, haben sich schließlich die Planung, die Organisation, der Personaleinsatz, die Führung sowie die Kontrolle als die klassischen Managementfunktionen herausgebildet.[3] Zur Erfüllung dieser Aufgaben sind unterstützend eine Fülle von Instrumenten und Methoden einsetzbar.

Eines dieser Instrumente stellt der in der Literatur häufig als Szenario-Technik bezeichnete Methodenverbund dar.[4] Die historische Entwicklung der Szenario-Technik geht auf KAHN und WIENER zurück, die diese zunächst für den militärischen und politischen Bereich entwarfen und nach deren Definition Szenarien „eine hypothetische Folge von Ereignissen darstellen, [..] [die] die Aufmerksamkeit auf kausale Prozesse und Entschei-

---

[2] Vgl. Steinmann/Schreyögg (Management), S. 6.

[3] Vgl. Steinmann/Schreyögg (Management), S. 8f.

[4] Gebräuchlich sind auch die Bezeichnungen Szenario-Analyse und Szenario-Methode, vgl. Reibnitz (Optionen), S. 11; Mißler-Behr (Methoden), S. 1; Bea/Haas (Management), S. 264; Bückmann/Kolb (Szenario-Methode), S. 25.

dungsmomente lenken [sollen]."[5] Prägend für die Verbreitung in Deutschland war das BATTELLE-Institut in Frankfurt, dessen Mitarbeiter die Szenario-Technik umfassend definieren als „integrierte, systematische und vorausschauende Betrachtung, bei der ausgehend von einer heutigen Situation, unter Zugrundelegung und Beachtung des zeitlichen Bezugs plausibler Entwicklungen und Ereignisse, das Zustandekommen und der Rahmen zukünftiger Situationen aufgezeigt werden sollen."[6]

Veranschaulicht wird das Denkmodell der Szenario-Technik durch den sogenannten Szenario-Trichter (vgl. Abbildung 1). Ihm liegt zugrunde, daß mit steigendem Betrachtungshorizont der Einfluß der Gegenwart abnimmt. Die Unsicherheit wächst durch eine steigende Anzahl von Alternativen und öffnet sich wie ein Trichter zur Zukunft hin. Ein Querschnitt repräsentiert die Menge aller denkbaren Zustände zu diesem Zeitpunkt. Als konkrete Zukunftsbilder werden Szenarien daher als Punkte auf dem Querschnitt dargestellt.[7]

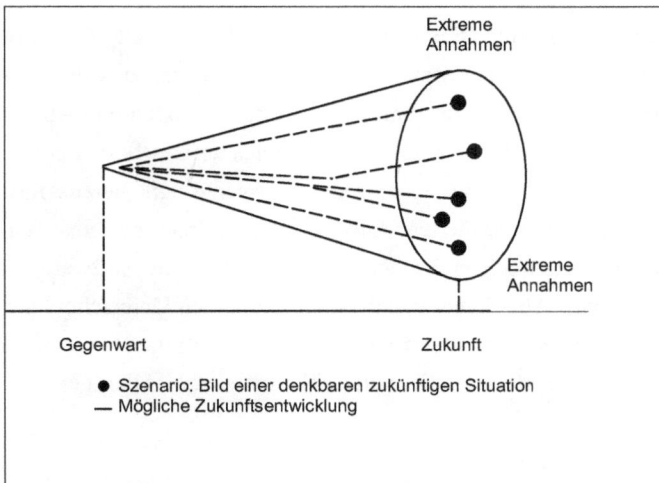

Abbildung 1: Szenario-Trichter[8]

---

[5]   Kahn/Wiener (Erleben), S. 21.

[6]   Oberkampf (Szenario-Technik), S. 7.

[7]   Vgl. Reibnitz (Optionen), S. 29f.; Becker/List (Zukunft), S. 40.

[8]   Entnommen aus Becker/List (Zukunft), S. 41.

Szenario-Management bedeutet in der Kombination die einmalige oder wiederholte Entwicklung bzw. Erarbeitung alternativer, konsistenter Szenarien für unternehmerische Problemstellungen. Aufbauend auf einer Ist-Analyse beinhalten sie quantitative und vor allem qualitative Informationen und werden schließlich als Entscheidungsgrundlage für die genannten Managementaufgaben genutzt. Szenarien stellen im Gegensatz zu isolierten Annahmen über einzelne Tendenzen komplexe, ganzheitliche Bilder der Zukunft dar. Durch die Erarbeitung mindestens zweier Szenarien soll der zukünftige Blickwinkel erweitert und ein Denken in Alternativen gefördert werden. Die Konsistenz der Zukunftsbilder stellt sicher, daß diese in sich schlüssig und glaubwürdig sind. Eine fundierte Ist-Analyse, sowohl der Unternehmung als auch der relevanten Umwelt, bildet die Grundlage, um die Szenarien aus der Gegenwart heraus ableiten zu können. Schließlich werden mit Hilfe dieser Szenarien zukünftige Chancen und Risiken für das Unternehmen ermittelt und ausgewertet, um den Entscheidungsprozeß zu unterstützen.

Die Szenario-Technik - als wesentlicher Bestandteil des Szenario-Managements - ist als ein Methodenverbund zu verstehen, wobei verschiedene Ansätze in der Literatur unterschiedliche Methoden und Abläufe verwenden, um Szenarien zu erstellen.[9] Zu trennen sind insbesondere intuitive Ansätze, wo Szenarien aus einer rein intuitiven Logik heraus formuliert werden, von modellgestützten Ansätzen, die stärker systematisch unter Verwendung von mathematischen Modellen und mit Softwareunterstützung vorgehen.[10] Abgesehen von dieser prinzipiellen Unterscheidung differieren die verschiedenen Ansätze lediglich in Detailfragen bzw. hinsichtlich der Aufteilung der Phasen, die zu durchlaufen sind.[11] Allen gemeinsam ist

---

[9]   Vgl. Bückmann/Kolb (Szenario-Methode), S. 25; Kötzle (Identifikation), S. 253. Eine Übersicht über verschiedene Ansätze bieten Geschka/Hammer (Szenario-Technik), S. 470 und Götze (Szenario-Technik), S. 386-397.

[10]   Vgl. Meyer-Schönherr (Szenario-Technik), S. 35 u. 44.

[11]   Vgl. Scherm (Szenario-Technik), S. 95; zu einem detaillierten Vergleich der Ansätze s. Götze (Szenario-Technik), S. 91-98.

jedoch eine grundsätzliche Drei-Teilung des Erstellungs-Prozesses (vgl. Abbildung 2).[12]

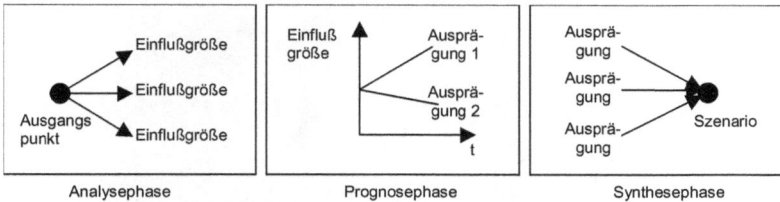

Analysephase   Prognosephase   Synthesephase

Abbildung 2: Phasen der Szenario-Erstellung[13]

Nach Bestimmung einer Bezugsgröße (Untersuchungsfeld), für die Szenarien zu entwickeln sind, wird in der Analysephase die Problemstellung konkretisiert und relevante Einflußgrößen des Szenariofeldes (= Untersuchungsumfeld) bestimmt. In der Prognosephase werden für diese mögliche zukünftige Ausprägungen aufgezeigt, die schließlich in der Synthesephase zu mehreren konsistenten Szenarien kombiniert werden. Hinzu kommen muß noch als letzter Schritt eine Implementierungsphase in die unternehmerischen Planungsprozesse als Übergang zum Szenario-Management.[14]

Ziel des Szenario-Managements ist es, Risiken und neue Möglichkeiten, die sich aus alternativen Zukunftsbildern ergeben, zu erkennen, durch eine Systemeinsicht entwicklungsbestimmende Elemente und deren Beziehungen zueinander zu identifizieren sowie die Erkenntnisse daraus zu nutzen.[15]

---

[12] Vgl. dazu und zu den folgenden Ausführungen Oberkampf (Szenario-Technik), S. 12; Lehnen (Szenariotechnik), S. 72; Brauers/Weber (Szenarioanalyse), S. 633.

[13] Eigene Darstellung.

[14] Vgl. Angermeyer-Naumann (Szenarien), S. 122f.

[15] Vgl. Wack (Szenarien), S. 114f. u. S. 127.

2 Strategische Geschäftsfelder als Ausgangspunkt für Untersuchungsfelder

Ein Anwendungsbereich des Szenario-Managements, der im Rahmen dieser Arbeit betrachtet wird, ist die Geschäftsfeldplanung zur Bestimmung der strategischen Geschäftsfelder[16], in welchen eine Unternehmung zukünftig tätig sein wird.

2.1 Begriffsbestimmung und Bedeutung strategischer Geschäftsfelder

Strategische Geschäftsfelder (SGFs) stellen innerhalb der Unternehmung gebildete Planungseinheiten dar, die aus der Strukturierung des Gesamtunternehmens in möglichst homogene, anderen gegenüber heterogene Produkt-/Markt-Kombinationen resultieren.[17] Unter einem SGF wird folglich ein abgrenzbarer selbständiger Unternehmensbereich verstanden, der einen externen Markt mit bestimmten Produkten oder Dienstleistungen versorgt und für den sich unabhängige Ziele bzw. Strategien entwerfen und umsetzen lassen.[18] Entscheidungen bezüglich eines SGF beeinflussen Entscheidungen hinsichtlich anderer SGFs kaum bzw. werden von diesen kaum berührt.[19] Weiterhin sind SGFs als eigenständige Wettbewerber gekennzeichnet, die in Konkurrenz zu anderen Unternehmen stehen und nicht nur interne Lieferungen und Leistungen ausführen.[20] SGFs stimmen nicht zwangsläufig mit den Organisationseinheiten einer Unternehmung überein, sondern sind vielmehr „eine gedankliche Konstruktion, [...], die sich die lang-

---

[16] In der Literatur werden alternativ die Begriffe Strategic Business Area (SBA), Strategische Geschäftseinheit (SGE) und Strategic Business Unit (SBU) verwendet, vgl. Gerl/Roventa (Geschäftseinheiten), S. 847; Godet (Scenarios), S. 127; Hinterhuber (Denken), S. 113; zu einer Differenzierung dieser Begriffe s. Link (Organisation), S. 51f.; Bea/Haas (Management), S. 126-132.

[17] Vgl. Gerl/Roventa (Geschäftseinheiten), S. 847; Bea/Haas (Management), S. 126.

[18] Vgl. Kreilkamp (Management), S. 317; Godet (Scenarios), S. 127.

[19] Vgl. Ehrmann (Unternehmensplanung), S. 112.

[20] Vgl. Neubauer (Portfolio), S. 17.

fristig bessere Steuerung der Unternehmung zum Ziel setzt."[21] Geleitet werden SGFs von Führungskräften, die für diese selbständig verantwortlich sind und über die nötigen Ressourcen entscheiden können.[22]

Durch Gliederung in SGFs wird die Komplexität der Planung und Führung einer Unternehmung reduziert sowie die operative Umsetzbarkeit der Strategien besser gewährleistet.[23] Es werden schlagkräftige Einheiten innerhalb des Gesamtunternehmens gebildet, die in der Lage sein sollen, ein eigenständiges Erfolgspotential darzustellen und das Gesamtpotential einer Unternehmung zu erhöhen, indem zusätzlich zwischen den SGFs bestehende Synergieeffekte genutzt werden.[24] Ob ein SGF ein Erfolgspotential darstellt, läßt sich an dessen Wettbewerbsposition identifizieren, die durch eine sinnvolle Abgrenzung der SGFs leichter zu bestimmen ist.

2.2 Möglichkeiten zur Bildung und Abgrenzung strategischer Geschäftsfelder

Ausgangspunkt einer Unternehmenssegmentierung ist eine Aufteilung nach Produkten und Märkten. Die Abgrenzung von Produkten erfolgt durch Unterscheidung nach Produktfunktionen und -technologien.[25] Märkte werden anhand von Kundengruppen und nach geographischen Regionen differenziert.[26] Durch Kombination und Zusammenfassung der sich ergebenden Ausprägungen lassen sich SGFs primär bilden und gegeneinander abgrenzen.

Darüber hinaus werden in der Literatur noch weitere Kriterien genannt, die zur Bildung und Abgrenzung herangezogen werden können.[27] So sollte je-

---

[21] Gälweiler (Strategische), S. 266.

[22] Vgl. Hinterhuber (Handeln), S. 140.

[23] Vgl. Albach (Unsicherheit), S. 714; Bea/Haas (Management), S. 126.

[24] Vgl. Winand/Mußhoff (Geschäftsfeldsegmentierung), Sp. 583.

[25] Vgl. Link (Organisation), S. 55.

[26] Vgl. Link (Organisation), S. 56.

[27] Vgl. zu den Kriterien Kreikebaum (Strategische), S. 197; Hinterhuber (Handeln), S. 143; Kreilkamp (Management), S. 319-321.

des SGF ein ausreichendes Marktpotential besitzen, um autonome Ziele verfolgen zu können. Damit verbunden ist eine eigenständige Marktaufgabe, die sich von der anderer SGFs abheben soll. Ferner sind SGFs so abzugrenzen, daß Entscheidungen bezüglich einzelner Einheiten relativ unabhängig voneinander zu treffen sind. Jedem SGF müssen deshalb Führungskräfte mit entsprechender Entscheidungsbefugnis klar zuzuordnen sein. Schließlich ist die Bildung auch an der Konkurrenz zu orientieren, die für ein SGF eindeutig identifizierbar sein sollte.

Erschwert bzw. beschränkt wird eine eindeutige Abgrenzung durch bestehende Interdependenzen zwischen den Einheiten aufgrund gemeinsamer Nutzung von knappen Ressourcen, innerbetrieblichen Leistungsbeziehungen und Marktüberschneidungen, wenn zwei Aktivitäten auf den gleichen Marktsektor gerichtet sind.[28] Sie beeinträchtigen vor allem die geforderte Unabhängigkeit der Entscheidungen.[29] Um die Zahl der Interdependenzen daher möglichst gering zu halten, ohne sie zu zerschneiden, müßten relativ große SGFs gebildet werden.

Daraus ergibt sich ein Dilemma bei der Bildung SGFs: Während eine optimale Anpassung an bestehende Kundenbedürfnisse durch eine eigenständige Marktaufgabe eine detailliertere Segmentierung voraussetzt, werden durch eine eher grobe Unterteilung bestehende Interdependenzen stärker berücksichtigt. Damit lassen die genannten Kriterien kaum eine eindeutige Abgrenzungsentscheidung zu und verdeutlichen, daß die Bildung von SGFs eine schwierige und komplexe Aufgabe ist, für die es *die* optimale Vorgehensweise nicht gibt.[30] Sie ist nur unternehmensspezifisch zu lösen, indem verschiedenen Kriterien unterschiedliche Prioritäten beigemessen werden.[31] Die Bildung SGFs erfordert somit unternehmerische Intuition und „Fingerspitzengefühl".[32] Sie stellt zudem keinen einmaligen Prozeß dar, sondern

---

[28] Vgl. Gerl/Roventa (Geschäftseinheiten), S. 850; Frese (Organisation), S. 194f.; Kreikebaum (Strategische), S. 197.

[29] Vgl. Link (Organisation), S. 58.

[30] Vgl. Neubauer (Portfolio), S. 15.

[31] Vgl. Kreilkamp (Management), S. 332.

[32] Vgl. Gerl/Roventa (Geschäftseinheiten), S. 852.

muß im Zeitablauf überprüft werden, um veränderten Markt- oder Unternehmensbedingungen gerecht zu werden.[33]

2.3 Geschäftsfeldplanung und Strategieentwicklung

Unter Geschäftsfeldplanung wird, ausgehend von der Definition der SGFs als Produkt-/Marktkombinationen, die Produkt-, Produktprogramm- sowie die Potentialplanung einer Unternehmung verstanden.[34] Sie legt fest, welche Produkte angeboten werden, in welchen Märkten bzw. Marktsegmenten die Unternehmung operieren soll und wie die vorhandenen Mittel verteilt werden, um die angestrebten Ziele zu erreichen.[35]

Durch die Geschäftsfeldplanung wird insbesondere bestimmt, wie einzelne SGFs abgegrenzt werden, sei es im Rahmen einer erstmaligen Strukturierung der Unternehmung oder einer Überprüfung der bestehenden Unterteilung. Es wird weiterhin über die Ressourcenverteilung an einzelne sowie über den Einstieg in neue SGFs entschieden. Selbst eine völlige Neuausrichtung der Unternehmung kann Ziel der Geschäftsfeldplanung sein. Ihr Kern ist somit die Suche, Beurteilung und Auswahl einer abgestimmten Kombination von SGFs zur Stabilisierung der Zielerreichung.

Die Geschäftsfeldplanung ist ein wesentlicher Bestandteil der strategischen Planung und erfolgt auf Gesamtunternehmensebene. Die Verantwortung dafür liegt ausschließlich bei der obersten Unternehmensführung, die die Zukunftsaussichten von SGFs zu beurteilen hat, um entsprechende Maßnahmen zu planen.[36]

Die Umsetzung erfolgt mit Hilfe einer Unternehmensgesamtstrategie, die im Rahmen der Geschäftsfeldplanung entwickelt wird und strategische Stoßrichtungen für SGFs als Komponenten beinhaltet.[37] Davon abzugren-

---

[33] Vgl. Ehrmann (Unternehmensplanung), S. 115.

[34] Vgl. Krause (Geschäftsfeldplanung), S. 21.

[35] Vgl. Hinterhuber (Denken), S. 198; Kreilkamp (Management), S. 211.

[36] Siehe zu diesem Absatz Krause (Geschäftsfeldplanung), S. 21-28.

[37] Vgl. Steinmann/Schreyögg (Management), S. 153f.

zen sind Geschäftsbereichsstrategien, die im Anschluß die vorgegebene Unternehmensstrategie auf SGF-Ebene spezifizieren.[38] Eine Strategie beinhaltet allgemein „Maßnahmen zur Sicherung des langfristigen Erfolgs eines Unternehmens."[39] Eine Strategie zur Geschäftsfeldplanung ist darauf ausgelegt, Erfolgspotentiale einzelner SGFs aufzubauen, zu erhalten sowie weniger aussichtsreiche Positionen aufzugeben.[40] Daraus ergeben sich drei grundsätzliche Arten von Strategiekomponenten: Wachstumsstrategien zum Aufbau, Stabilisierungsstrategien zur Erhaltung der Position und Schrumpfungs- oder Desinvestitionsstrategien zum Ausstieg aus einzelnen SGFs (vgl. Abbildung 3).[41] Sie geben in der Summe die allgemeine Stoßrichtung der Unternehmung vor und werden deshalb als Normstrategien bezeichnet.[42]

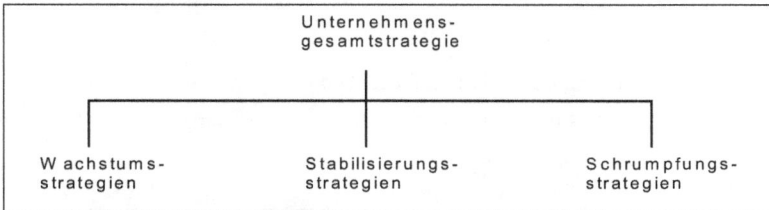

Abbildung 3: Komponenten der Unternehmensgesamtstrategie[43]

Ausgehend von der Segmentierung nach Produkten und Märkten lassen sich die Normstrategien näher charakterisieren.

Wachstum kann durch bestehende oder neue Produkte auf bestehenden oder neuen Märkten angestrebt werden. Diese Unterteilung geht auf ANSOFF zurück, der je nach Kombination Marktdurchdringung, Produktentwicklung, Marktentwicklung und schließlich Diversifikation unter-

---

[38] Vgl. Ehrmann (Unternehmensplanung), S. 180.

[39] Bea/Haas (Management), S. 45.

[40] Vgl. Hinterhuber (Denken), S. 200.

[41] Vgl. Hammer (Planung), S. 54.

[42] Vgl. Hammer (Planung), S. 53f.

[43] Erstellt in Anlehnung an Bea/Haas (Management), S. 157.

scheidet (vgl. Abbildung 4).[44] Dies kann sowohl unabhängig aus eigenen Potentialen als auch über einen Zukauf, eine Beteiligung oder eine Kooperation erfolgen.[45] Wachstumsstrategien sind mit einem erhöhten Einsatz finanzieller Mittel verbunden.

Produkte / Märkte	gegenwärtige Produkte	neue Produkte
gegenwärtige Märkte	Marktdurchdringung	Produktentwicklung
neue Märkte	Marktentwicklung	Diversifikation

Abbildung 4: Wachstumsstrategien nach ANSOFF[46]

Stabilisierungsstrategien zielen auf die Erhaltung der bisherigen Wettbewerbsposition. Der Mitteleinsatz ist daher so zu planen, daß dieser Status quo erhalten wird.

Schrumpfungsstrategien können durch Produktelimination oder durch den Austritt aus bestimmten Märkten gekennzeichnet sein. Sie werden entweder sofort durch Stillegung bzw. Verkauf der Kapazitäten oder aber durch einen stetigen Rückzug verwirklicht. Die eingesetzten Ressourcen werden zurückgefahren oder freigesetzt, weshalb sie auch als Desinvestitionsstrategien bezeichnet werden.

2.4 Strukturierung von Einflußbereichen

Zur Bestimmung strategischer Stoßrichtungen sind vielfältige Einflüsse aus unterschiedlichsten externen Bereichen zu berücksichtigen, da ein Unternehmen als Teil eines Gesamtsystems nicht isoliert betrachtet werden kann. Die erste Stufe jedes Planungsprozesses stellt damit deren Analyse und

---

[44] Vgl. Becker (Marketing), S. 123f.

[45] Vgl. Bea/Haas (Management), S. 162.

[46] Entnommen aus Hammer (Planung), S. 56.

Prognose dar.[47] Unabhängig von der dazu angewandten Methode sind Informationen zu verarbeiten, die aus Umfeldbereichen stammen, die in unterschiedlich ausgeprägter Beziehung zur Unternehmung stehen (vgl. Abbildung 5). Davon ausgehend werden im folgenden die verschiedenen Ebenen näher dargestellt und beispielhaft wichtige Einflußgrößen genannt.[48]

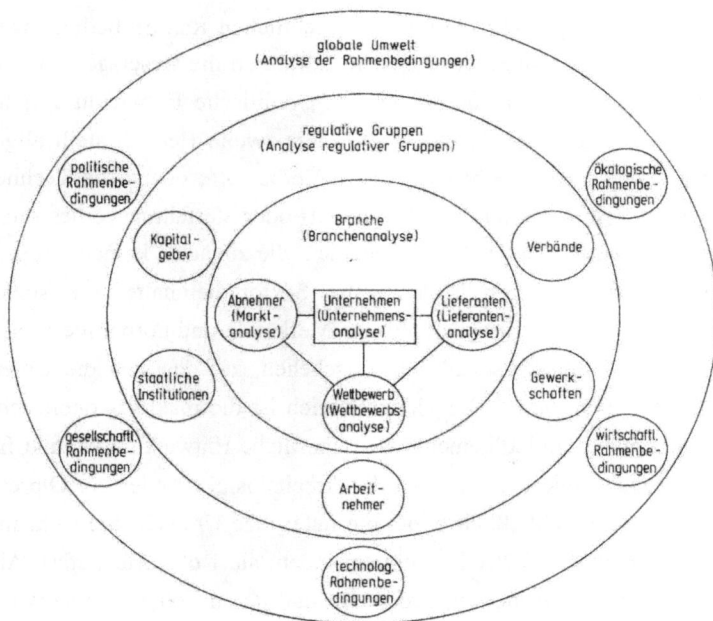

Abbildung 5: Unternehmensumwelt[49]

---

[47] Vgl. Steinmann/Schreyögg (Management), S. 158.

[48] Eine Übersicht über Einflußgrößen bietet Buchinger (Umfeldanalysen), S. 389 sowie Kreilkamp (Management), S. 78f.

[49] Entnommen aus Kreilkamp (Management), S. 74.

2.4.1 Globale Umwelt

Bedingungen und Einflüsse der globalen Umwelt stecken den allgemeinen Rahmen ab, in dem sich die Unternehmung und die aufgabenspezifische Umwelt entwickeln. Sie betreffen damit alle SGFs i.d.R. gleichermaßen. Einflußgrößen dieser Art wirken meist nur indirekt auf das Unternehmen ein und sind kaum zu beeinflussen.[50] Die globale Umwelt umfaßt fünf Teilbereiche bzw. -sektoren, die voneinander abgegrenzt werden können.[51]

Der erste Teilbereich deckt die politisch-rechtlichen Rahmenbedingungen ab. Einflüsse aus diesem Sektor ergeben sich durch die Gesetzgebung und sonstige staatliche Aktivitäten sowie durch politische Entwicklungen im nationalen und internationalen Kontext.[52] Der zweite Bereich stellt allgemeine technologische Gegebenheiten dar. Verbesserte oder neue Technologien wirken sich vor allem durch Produkt- oder Verfahrensverbesserungen aus und beeinflussen auch Unternehmen, die zunächst keinen direkten Technologiebezug besitzen.[53] Der dritte Sektor beinhaltet die soziokulturellen Faktoren wie demographische Merkmale und normative Werte. Sie bestimmen das gesellschaftliche Geschehen, auf das sich die Unternehmung einstellen muß.[54] Der vierte Bereich ist die makro-ökonomische Umwelt. Hierunter sind allgemeine wirtschaftliche Entwicklungen und Indikatoren zu subsumieren, wie etwa die Arbeitslosigkeit oder der Ölpreis. Den letzten Sektor schließlich bildet die natürliche Umwelt. Sie steht mit den Unternehmen in Wechselbeziehung, indem sie Rohstoffe liefert, Abfallprodukte aufnimmt und von Produkten und deren Folgewirkungen betroffen wird.[55]

---

[50] Vgl. Dunst (Portfolio-Management), S. 21.

[51] Vgl. Steinmann/Schreyögg (Management), S. 159.

[52] Vgl. Kreikebaum (Strategische), S. 41f.

[53] Vgl. Kreilkamp (Management), S. 77; Steinmann/Schreyögg (Management), S. 161.

[54] Vgl. Dunst (Portfolio-Management), S. 23.

[55] Vgl. Steinmann/Schreyögg (Management), S. 164.

2.4.2 Regulative Gruppen

Als regulative Gruppen bezeichnet man Personen oder Institutionen, die zwar in einem direkten Verhältnis zum Unternehmen stehen, aber keinen direkten Einfluß auf die Produkt-Markt-Beziehung ausüben.[56] Sie geben vielmehr die spezifischen Rahmenbedingungen der Gesamtunternehmung vor. Zu ihnen zählen Kapitalgeber, die durch Art und Umfang der Mittelvergabe vor allem die Finanzierung beeinflussen. Des weiteren die Arbeitnehmer, die das Humankapital der Unternehmung repräsentieren und die Arbeits- und Organisationsabläufe bedingen. Damit zusammenhängend sind die Gewerkschaften und Arbeitgebergruppen zu nennen, die hauptsächlich durch die Lohnpolitik auf das Unternehmen einwirken. Ferner sind Verbände, wie Verbraucherverbände oder Bürgerinitiativen sowie staatliche Institutionen hinzuzurechnen, sofern sie für die Unternehmung konkrete Auswirkungen bedeuten.[57]

2.4.3 Aufgabenspezifische Umwelt

Als aufgabenspezifische Umwelt wird das engere ökonomische Umfeld einer Unternehmung bzw. eines SGF bezeichnet. Sie bezieht sich immer auf eine Branche bzw. einen Industriesektor, so daß eine Unternehmung mit unterschiedlichen SGFs mehreren spezifischen Umwelten gegenübersteht. Sie beeinflußt die Unternehmung am stärksten und bietet Informationen, die vor allem für die Strategieformulierung relevant ist.[58] Bestimmt ist dieser Bereich sowohl durch die Märkte, die in direkter Beziehung zum SGF stehen, als auch durch die in diesen agierenden Personen bzw. Gruppen. Er läßt sich weiter in Beschaffungsmärkte, Absatzmärkte und in herrschende Wettbewerbsbedingungen unterteilen.[59]

---

[56] Vgl. Kreilkamp (Management), S. 75.

[57] Vgl. zu regulativen Gruppen Kreilkamp (Management), S. 79; Voigt (Unternehmensplanung), S. 89.

[58] Vgl. Hammer (Planung), S. 39.

[59] Vgl. Hinterhuber (Denken), S. 118.

Die Beschaffungs- oder Lieferantenmärkte betreffen hauptsächlich die In-
putseite und damit die Versorgung der Unternehmung. Beeinflussende
Faktoren sind u. a. die Verhandlungsstärke der Lieferanten, Verfügbarkeit
von notwendigen Produktionsfaktoren oder auch Preisentwicklungen.[60] Die
Absatzmärkte berühren demgegenüber die Outputseite und sind durch die
Beziehungen zu den Abnehmern gekennzeichnet. Als wesentliche Einflußgrößen können die Bedürfnisse und das Kaufverhalten der Abnehmer sowie
die Marktentwicklung hinsichtlich des Potentials und des Wachstums genannt werden.[61] Der Wettbewerb schließlich charakterisiert das Verhältnis
der Unternehmung zu jetzigen und potentiellen Konkurrenten.[62] Beeinflußt
wird ein Unternehmen daher hauptsächlich durch die Marktstellung und
das Verhalten bisheriger Wettbewerber als auch durch den Markteintritt
neuer Konkurrenten und / oder neuer Produkte.[63]

2.5 Unternehmensanalyse

Zweck der Unternehmensanalyse ist die Ermittlung und Beurteilung der
eigenen Leistungspotentiale eines Unternehmens, um die strategische Ausgangssituation bestimmen zu können. Im folgenden werden dazu drei
Analysemethoden vorgestellt, wie sie im Hinblick auf die strategische Unternehmensplanung eingesetzt werden. Im Anschluß wird dann auf die Bedeutung der ermittelten Ausgangssituation eingegangen.

2.5.1 Analysemethoden

Betrachtet werden die Potential- und Lückenanalyse, die Stärken- und
Schwächenanalyse sowie die Portfolio-Analyse. Sie dienen in erster Linie
der Ermittlung der gegenwärtigen Situation einer Unternehmung bzw. ihrer
SGFs, weisen aber gleichzeitig einen mehr oder weniger expliziten Zu-
kunftsbezug auf, um aus der Analyse strategische Handlungsempfehlungen

---

[60] Vgl. Voigt (Unternehmensplanung), S. 101; Kreikebaum (Strategische), S. 45.

[61] Vgl. Kreilkamp (Management), S. 90; Voigt (Unternehmensplanung), S. 94.

[62] Vgl. Kreilkamp (Management), S. 167f.; Voigt (Unternehmensplanung), S. 98.

[63] Siehe Voigt (Unternehmensplanung), S. 98f.

abzuleiten. Zur Herstellung dieses Zukunftsbezuges ist es möglich, die zu erstellenden Szenarien heranzuziehen, so daß die Darstellung dieser Methoden in diesem Zusammenhang sinnvoll erscheint.

Die Potentialanalyse entspricht einer Bestandsaufnahme der Ressourcen einer Unternehmung und untersucht sie auf ihre Verfügbarkeit für strategische Entscheidungen. Bei der anschließenden Lückenanalyse wird nun, bezogen auf einen bestimmten Zeitraum, die Entwicklung des Basisgeschäftes (= Umsatz mit bestehenden Produkten auf bestehenden Märkten) einer maximalen Zielgröße gegenübergestellt, die sich unter Einbezug von alternativen oder potentiellen Ressourcen bestimmt (= Entwicklungsgrenze) (vgl. Abbildung 6).

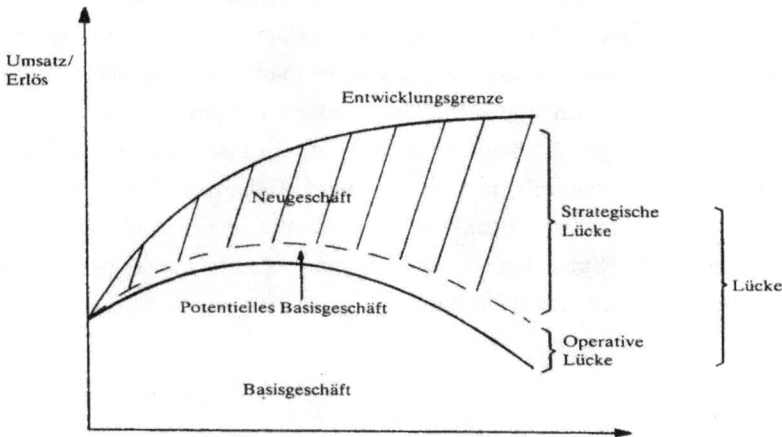

Abbildung 6: Lückenanalyse[64]

Die Differenz kennzeichnet die Lücke, die es zu verringern gilt. Unterschieden wird eine operative Abweichung, die durch rein operative Maßnahmen wie Rationalisierung oder Kostensenkung geschlossen werden kann, und eine strategische Lücke, die nur durch neue Produkte und / oder neue Märkte reduzierbar ist. Mit Hilfe der Lückenanalyse soll eine vorhan-

---

[64] Entnommen aus Kreikebaum (Strategische), S. 134.

dene Lücke identifiziert und Möglichkeiten zu ihrer Schließung aufgezeigt werden.[65]

Die Stärken- und Schwächenanalyse dient der Bewertung der eigenen Ressourcen im Vergleich zur Konkurrenz.[66] Es sollen die Hauptstärken und -schwächen des Unternehmens erkannt werden, um daraus eine Strategie ableiten zu können. Dazu sind für das Unternehmen relevante Erfolgsfaktoren zu ermitteln und zu bewerten. Zentrales Problem der Beurteilung von Stärken und Schwächen ist die Ermittlung derjenigen Faktoren, die als besonders relevant oder kritisch für die zukünftige Entwicklung der Unternehmung zu betrachten sind. Die Bewertung selbst erfolgt mittels einer Skala, die eine Einordnung der Faktoren hinsichtlich ihrer Güte ermöglicht. Anschließend werden diese mit ihren Bewertungen in einer Profildarstellung veranschaulicht (vgl. Abbildung 7). Die Konkurrenz - häufig erfolgt eine Beschränkung auf den stärksten Wettbewerber - wird ebenfalls anhand dieser Faktoren beurteilt und eingetragen. Die Stärken einer Unternehmung liegen da, wo das Unternehmen besser abschneidet als die Konkurrenz. Entsprechend liegen die Schwächen dort, wo ein deutlicher Nachteil gegenüber den Wettbewerbern erkennbar wird. Bei dieser Beurteilung ist allerdings zu berücksichtigen, daß Profilabweichungen auch Ausdruck unterschiedlicher Strategien sein können und daher nicht zwangsläufig als Stärken oder Schwächen auslegbar sind.[67]

---

[65] Siehe zu den beiden vorgehenden Absätzen Kreikebaum (Strategische), S. 133-136; Nötzold (Strategien), S. 44f.

[66] Vgl. Ehrmann (Unternehmensplanung), S. 135.

[67] Vgl. Steinmann/Schreyögg (Management), S. 188; siehe zu diesem Absatz Kreilkamp (Management), S. 236f.

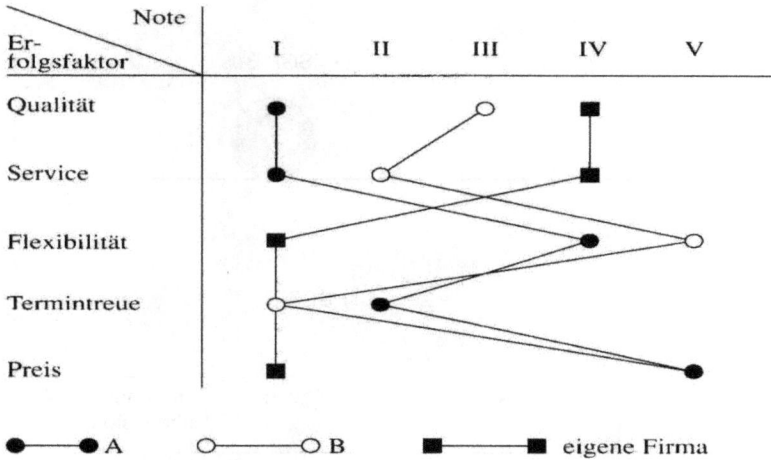

Abbildung 7: Profildarstellung einer Stärken- und Schwächenanalyse[68]

Ziel einer Portfolio-Analyse ist es, jedes SGF hinsichtlich seiner strategischen Erfolgsposition zu beurteilen und durch eine zusammenfassende Darstellung eine Gesamtbetrachtung der Unternehmung zu ermöglichen.[69] Dazu werden umweltbezogene Chancen und Gefahren sowie unternehmensbezogene Stärken und Schwächen sämtlicher SGFs jeweils durch eine Umwelt- bzw. Unternehmensgröße ausgedrückt, die eine hinreichend genaue, aber dennoch einfache Positionierung der SGFs erlauben.[70] Veranschaulicht wird dies in einer Matrix, deren Achsen beide Dimensionen wiedergeben. Anhand ihrer Ausprägungen werden die jeweiligen SGFs, i.d.R. als Kreise, eingetragen (vgl. Abbildung 8).

---

[68] Entnommen aus Steinmann/Schreyögg (Management), S. 189.

[69] Siehe ausführlich zu verschiedenen Portfolio-Ansätzen Albach (Unsicherheit), S. 705-711; Hinterhuber (Denken), S. 146-173; Kreilkamp (Management), S. 448-544.

[70] Vgl. Kreilkamp (Management), S. 447; Nötzold (Strategien), S. 58.

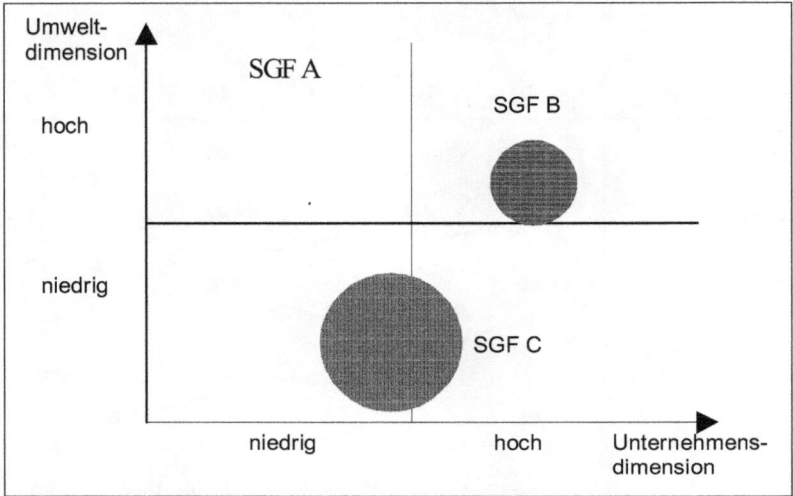

Abbildung 8: Portfolio-Matrix[71]

Durch eine Aufteilung beider Achsen in Intervalle lassen sich grundsätzliche Typen von SGFs bestimmen, die aufgrund annehmbarer Kausalzusammenhänge durch strategische Charakteristiken beschrieben werden können.[72] So lassen sich Aussagen über die gegenwärtige und zukünftige Erfolgsträchtigkeit, ausgedrückt durch den Return-on-Investment (ROI) sowie über den Cash-Flow der SGFs bzw. der Unternehmung als deren Summe ableiten.[73]

Da ein Unternehmen nur dann langfristig existenzfähig ist, wenn das Portfolio hinsichtlich der Mittelverwendung für SGFs, die Ressourcen benötigen, und der Mittelerzeugung durch SGFs, die Ressourcen freisetzen, ausgeglichen ist, lassen sich anhand der SGF-Positionen strategische Stoß-

---

[71] Erstellt in Anlehnung an Hammer (Planung), S. 179.

[72] Vgl. Kreilkamp (Management), S. 447.

[73] Siehe zu den beiden vorangehenden Absätzen Hammer (Planung), S. 179-184; zu den Grundlagen dieser Aussagen siehe Dunst (Portfolio-Management), S. 65-88; Kreilkamp (Management), S. 334-445; zur Kritik daran siehe Kreilkamp (Management), S. 544-562; Neubauer (Portfolio), S. 111-116.

richtungen ableiten und aus dem Gesamtzusammenhang der Unternehmung beurteilen.[74]

Anzumerken bleibt noch, daß im Gegensatz zur Potential- bzw. Stärken-/Schwächenanalyse bereits bei der Erstellung des Ist-Portfolios Zukunftserwartungen miteinfließen. So wird vor allem die Bewertung der Umweltdimension eines SGF von der zukünftigen Marktentwicklung abhängig sein, so daß die Ist-Analyse bereits auf eine bestimmte Vorstellung über den zukünftigen Verlauf aufbaut und damit den Szenarien vorgreift.

2.5.2 Bedeutung der ermittelten Ausgangssituation

Aus der Unternehmensanalyse ergibt sich die strategische Ausgangssituation der Unternehmung. Sie ist gekennzeichnet durch Ressourcen und Potentiale, durch Stärken und Schwächen gegenüber der Konkurrenz und durch die Zusammensetzung ihrer SGFs, dargestellt durch ein Ist-Portfolio. Ihre Bedeutung liegt darin, daß sie zum einen die gegenwärtigen Möglichkeiten und Beschränkungen aufzeigt, auf deren Basis die weitere Entwicklung geplant werden kann. Der spezifische Ist-Zustand bestimmt somit das Spektrum der möglichen Strategien, die dem Unternehmen zur Verfügung stehen.[75] Zum anderen dient deren Bestimmung zum Erkennen aktueller Probleme und Gefahren sowie auch von Stärken, um daraus nötigen Handlungsbedarf abzuleiten. Es lassen sich Bereiche aufzeigen, die einer verstärkten Beachtung bedürfen oder konkrete Entscheidungen erfordern. Sie ist damit speziell Grundlage und Ausgangspunkt für die Wahl des Untersuchungsfeldes, für das Szenarien erstellt werden sollen.

2.6 Wahl des Untersuchungsfeldes

Um Szenarien sinnvoll einsetzen zu können, muß ein Untersuchungsfeld als Bezugsgröße bestimmt werden. Im Rahmen der Geschäftsfeldplanung sind prinzipiell zwei Arten von Untersuchungsfeldern denkbar: Die Szena-

---

[74] Vgl. Gälweiler (Strategische), S. 78; Kreilkamp (Management), S. 446.

[75] Vgl. Kreilkamp (Management), S. 242.

rien können einerseits für ein Gesamtunternehmen entworfen werden, sie lassen sich aber auch auf einzelne SGFs beschränken. Die Wahl des Untersuchungsfeldes hat Auswirkungen auf die einzubeziehenden Faktoren und damit auf die zu erstellenden Zukunftsbilder. Im folgenden wird dargelegt, in welchem Fall welche Wahl zweckmäßig erscheint.

2.6.1 Gesamtunternehmung als Untersuchungsfeld

2.6.1.1 Ziele und Anwendungsgebiete

Eine Betrachtung des Gesamtunternehmens innerhalb eines Szenarioprojekts zielt auf dessen Gesamtstruktur ab und zeigt zukünftige Chancen und Gefahren auf, die sich aus der Zusammensetzung ergeben. Diese Wahl wird immer dann getroffen, wenn Entscheidungen anstehen, die den gesamten Komplex betreffen. Die so erstellten Szenarien bilden in diesem Fall eine gemeinsame Grundlage für zukünftige Planungen.[76]

Ein Anwendungsgebiet ist eine vorzunehmende Erst- oder Neusegmentierung der Unternehmung in SGFs.[77] So lassen sich aus der zukünftigen Betrachtung Kriterien zur Bildung ableiten, die eine längerfristige Stabilität der Abgrenzung erlauben.[78] Bei bereits bestehenden SGFs lassen sich Lükken im Gesamtportfolio einer Unternehmung ermitteln, indem Entwicklungen von bekannten bzw. neuen Technologien oder Bedürfnissen aufgedeckt werden, die durch keinen Bereich des Unternehmens abgedeckt sind. Steht daraufhin der Eintritt in neue SGFs bevor, können diese auf ihr künftiges „Passen" in die bestehende Unternehmensstruktur beurteilt werden. Des weiteren ist es möglich die bestehende Ressourcenverteilung innerhalb der Unternehmung zu überprüfen und auf zukünftige Verläufe hin neu festzulegen. Eine weitere Anwendungsmöglichkeit ist die Abschätzung des Gesamtrisikos der Unternehmung bei alternativen Zukunftsentwicklungen. Darauf aufbauend kann dem Unternehmen durch Vermeidung oder Ver-

---

[76] Vgl. Brauers/Weber (Szenarioanalyse), S. 632.

[77] Vgl. Winand/Mußhoff (Geschäftsfeldsegmentierung), Sp. 589; Kaluza/Ostendorf (Szenario-Technik), S. 12.

[78] Vgl. Götze (Szenario-Technik), S. 271.

teilung von denkbaren Risiken und Gefahren eine stabile Struktur verpaßt werden.[79] Schließlich ist das Gesamtunternehmen zu betrachten, wenn eine generelle strategische Neuausrichtung geplant ist.[80]

2.6.1.2 Vorteile und Problematik

Der wesentliche Vorteil von Szenarien für die Unternehmensebene ist die mögliche Gesamtsicht in der Zukunft. Es können Auswirkungen auf das gesamte Unternehmen abgeleitet und dessen Entwicklung als Einheit dargestellt werden. Die Szenarien bilden somit die Basis für sämtliche Ziele und Strategien.[81] In einem zweiten Schritt sind Unternehmensszenarien dann auf eine niedrigere Ebene übertragbar.[82] Sie lassen sich durch unterschiedliche Gewichtung bei der Ausformulierung bzw. durch Hinzufügen SGF-spezifischer Informationen an diese anpassen.[83] Es sind weiterhin die Unsicherheiten identifizierbar, die sich als riskant für die gesamte Unternehmung erweisen und somit besonderer Beachtung bedürfen.[84] Durch Betrachtung des Gesamtunternehmens ist es denkbar, für die Zukunft mögliche Synergieeffekte zu erkennen und bei Entscheidungen über einzelne SGFs zu berücksichtigen. So können z.B. übertragbare Technologien den Eintritt in neue Märkte erleichtern und damit die Entscheidung maßgeblich beeinflussen. Ferner läßt sich anhand der Szenarien beurteilen, ob eine Investition, die für ein SGF allein unrentabel wäre, zukünftig auch für andere Bereiche einsetzbar ist.

Probleme bei der Gesamtbetrachtung ergeben sich vor allem dann, wenn das Unternehmen sehr stark diversifiziert ist und die einzelnen SGFs nur wenige Berührungspunkte haben.[85] Das Unternehmen ist in diesem Fall

---

[79] Vgl. Jacob (Aufgaben), S. 68.

[80] Vgl. Reibnitz (Optionen), S. 208.

[81] Vgl. Reibnitz (Szenario-Technik), S. 236.

[82] Vgl. Reibnitz (Optionen), S. 208.

[83] Vgl. Moyer (Scenario), S. 176.

[84] Vgl. Porter (Wettbewerbsvorteile), S. 600f.

[85] Vgl. Reibnitz (Szenario-Technik), S. 235.

vielen Einflußbereichen aus sehr unterschiedlichen Branchen ausgesetzt. Die Erfassung der wichtigsten Faktoren und Elemente wird deshalb sehr schwierig, da eine umfassende Ermittlung die benötigte Datenmenge schnell anwachsen läßt. Wird dagegen eine Beschränkung auf eine überschaubare Menge von Einflüssen vorgenommen, können die betreffenden Bereiche nur unzureichend erfaßt sein. Vielfach werden deshalb bei diversifizierten Unternehmen auf der Gesamtebene nur solche Einflüsse betrachtet, die sich auf möglichst viele Unternehmensbereiche auswirken, hauptsächlich Faktoren der globalen Umwelt.[86] Daraus lassen sich aber kaum Strategien für einzelne SGFs ableiten, da branchenbezogene Entwicklungen ohne Berücksichtigung bleiben.[87] Umgangen wird das Problem, indem auf Grundlage der Unternehmensszenarien SGF-spezifische Zukunftsbilder entwickelt werden.

2.6.2 Einzelne strategische Geschäftsfelder als Untersuchungsfeld

2.6.2.1 Ziele und Anwendungsgebiete

Als homogene strategische Einheiten eignen sich SGFs sehr gut als Untersuchungsfelder, da sie durch ihre Abgrenzung einer eingeschränkteren Umwelt gegenüberstehen und eine fokussiertere Betrachtung derselben ermöglichen.[88] Meist findet zudem auf dieser Ebene eine eigenständige Beobachtung der spezifischen Umwelt statt. Aus der Problematik bei Betrachtung des Gesamtunternehmens ergibt sich, daß vor allem bei breit diversifizierten Unternehmen Szenarien für SGFs erstellt werden, um einzelne Branchenentwicklungen miteinzubeziehen.[89] Darüber hinaus werden Szenarien für SGFs entwickelt, wenn speziell über diese entschieden wird. Anhand der Szenarien können dann besonders SGF-spezifische Chancen und Risiken ermittelt und ausgewertet werden, die eine Grundlage für die

---

[86] Vgl. Beck (Corporate), S. 17.

[87] Vgl. Porter (Wettbewerbsvorteile), S. 561.

[88] Vgl. Reibnitz (Szenario-Technik), S. 235.

[89] Vgl. Linneman/Klein (Scenarios), S. 70.

Strategiebestimmung bilden. Ein weiteres Anwendungsgebiet ist die Beurteilung von neuen, künftigen SGFs im Hinblick auf ihre zukünftigen Aussichtschancen.[90]

2.6.2.2 Vorteile und Problematik

Die Erstellung von Szenarien für SGFs erfordert i.d.R. einen geringeren Aufwand als für das gesamte Unternehmen. Der zu betrachtende Ausschnitt der Umwelt ist fokussierter. Es werden nur relevante Einflußbereiche einzelner Branchen untersucht und berücksichtigt.[91] Sie sind daher leichter zu erfassen und darzustellen. Der damit verbundene Informationsbedarf ist ebenfalls geringer, da Informationen und Kenntnisse über diese Branchen meist vorhanden sind und sich ohne Aufbereitung zur Szenario-Erstellung heranziehen lassen.[92] Ein weiterer Vorteil ist darin zu sehen, daß die Zukunftsbilder speziell auf die Geschäftseinheiten angepaßt sind und so für die Planung von Geschäftsbereichsstrategien übernommen werden können. Besonders zum Tragen kommt dieser Nutzen, wenn die Führungskräfte der SGFs direkt an der Szenario-Erstellung beteiligt sind, und somit die Umsetzung der Szenarien erleichtert wird.[93]

Durch die Wahl eines SGF als Untersuchungsfeld werden neben globalen Faktoren mögliche Entwicklungen nur innerhalb der SGF-spezifischen Umwelt betrachtet. Auswirkungen auf andere SGFs bzw. auf das Unternehmen als Einheit lassen sich daher nur eingeschränkt aus den Szenarien ableiten. Der Nutzen bleibt daher auf diese SGFs beschränkt. Da die zukünftige Entwicklung anderer SGFs nicht im Rahmen des Szenarioprojekts untersucht wird und unberücksichtigt bleibt, kann diese bei der Entscheidungsfindung bzw. -überprüfung nicht einbezogen werden. Abhängig vom Grad der Eigenständigkeit bzw. Verschiedenheit der betrachteten SGFs besteht deshalb die Gefahr, mögliche Beziehungen zu anderen Bereichen und

---

[90] Vgl. Gomez (Strategieplanung), S. 11; Hinterhuber (Denken), S. 215.

[91] Vgl. Porter (Wettbewerbsvorteile), S. 562.

[92] Vgl. Geschka/Reibnitz (Zukunftsanalyse), S. 126.

[93] Vgl. Reibnitz (Szenario-Technik), S. 236.

damit bestehende oder zukünftige Synergieeffekte zu übersehen, die sich z.B. aus der Verschmelzung zweier unterschiedlicher Märkte zu einem Gesamtmarkt ergeben könnten. Falls für mehrere SGFs eigenständige Szenarien entwickelt werden, ergibt sich im Rahmen der Abstimmung der Strategie gegebenenfalls das Problem, daß unterschiedliche Zukunftsbilder als Entscheidungsgrundlage vorliegen, die nicht miteinander vergleichbar sind.[94]

---

[94] Vgl. Linneman/Kennell (Approach), S. 149.

3 Szenario-Erstellung

Mit der Wahl des Untersuchungsfeldes kann die Szenario-Erstellung begonnen werden. Nach vorbereitenden Maßnahmen werden relevante Einflußgrößen ermittelt und analysiert. Diese sind dann in die Zukunft zu pro-
jizieren und schließlich zu konsistenten Bildern zusammenzufassen.

3.1 Vorbereitende Maßnahmen

Bevor mit der eigentlichen Erstellung begonnen wird, muß der Untersu-
chungszweck konkretisiert werden. Damit verbunden ist die Wahl eines
Typs von Szenarien, der für diesen Zweck am meisten geeignet erscheint.
Schließlich muß noch die Organisation geplant werden.

3.1.1 Exakte Aufgabenbeschreibung

Ausgangspunkt des Erstellungs-Prozesses ist eine exakte Aufgabenbe-
schreibung. Um als Entscheidungsgrundlage zu dienen, muß das Szenarioprojekt spezifisch auf den Zweck der Untersuchung abgestimmt sein. Je
spezifischer dabei die Problemstellung, desto konkreter werden die Zukunftsbilder.[95] Deshalb sollte die Aufgabenstellung möglichst präzise und
strukturiert formuliert sein.[96] So werden ein für die Erstellung der Szenari-
en notwendiges einheitliches Problemverständnis geschaffen und Mißverständnisse vermieden.[97]

Mittelpunkt dieser Beschreibung ist das festgelegte Untersuchungsfeld,
dessen Strukturmerkmale durch Analysen hinreichend zu charakterisieren
sind. Erweitert werden kann die Darstellung um das Leitbild der Unternehmung, deren Politik und grundlegenden Ziele.[98] Um Schwerpunkte zu

---

[95] Vgl. Becker/List (Zukunft), S. 43.

[96] Vgl. Hammer/Reibnitz (Strategische), S. 4/458.

[97] Vgl. Zerres (Szenario-Technik), S. 60; Götze (Szenario-Technik), S. 101f.

[98] Vgl. Linneman/Kennell (Approach), S. 143; Reibnitz (Szenario-Technik), S. 31f.

setzen, können einzelne Vorgaben gewichtet werden.[99] Ergänzend lassen sich noch aktuelle Fragen hinzufügen, die durch eine Befragung der Entscheidungsträger mittels Interviews oder Fragebögen ermittelt werden.[100] So werden gegenwärtige Probleme der Entscheidungsträger explizit berücksichtigt, was zur Erhöhung der Akzeptanz der Szenarien führt.

3.1.2 Wahl eines geeigneten Szenario-Typs anhand von Merkmalen

Nachdem die Zielsetzung der Szenario-Anwendung feststeht, wird der Typ der zu erstellenden Szenarien konkretisiert. Szenario-Typen lassen sich anhand bestimmter Merkmale charakterisieren und auswählen. Sie unterscheiden sich insbesondere hinsichtlich ihres Blickwinkels, ihres Ausgangspunktes, ihrer Zeitspanne und ihrer Endpunkte sowie durch die Verlaufsdarstellung dazwischen (vgl. Abbildung 9).

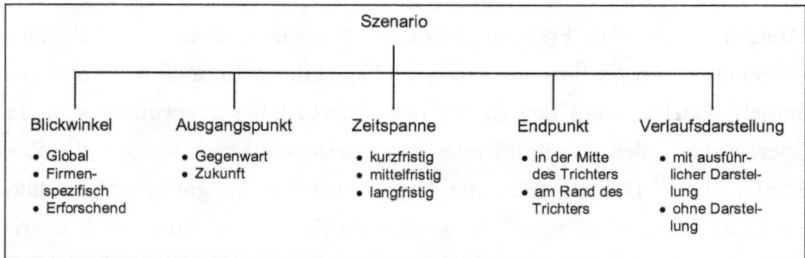

Abbildung 9: Szenario-Merkmale[101]

Beim Blickwinkel wird zwischen globalen, firmenspezifischen und erforschenden Szenarien differenziert. Globalszenarien sind hauptsächlich auf globale wirtschaftliche und politische Rahmenbedingungen ausgerichtet. Sie dienen mehr der Orientierung und eignen sich nur bedingt zur Geschäftsfeldplanung, da sich eine konkrete Strategie meist nicht ableiten

---

[99] Vgl. Reibnitz (Szenarioplanung), Sp. 1985; Ulrich/Probst (Anleitung), S. 119.

[100] Vgl. Wack (Szenarien), S. 128; Ringland (Scenario), S. 85f.

[101] Eigene Darstellung.

läßt.[102] Firmenszenarien beziehen neben wichtigen Rahmendaten vor allem das Unternehmen und dessen konkretes Umfeld mit ein und können deshalb zur Entscheidungsfindung herangezogen werden.[103] Erforschende Szenarien sollen vor allem Entwicklungen in neuen Tätigkeitsfeldern aufzeigen, in denen der Unternehmung die Erschließung potentieller SGFs ermöglicht wird.[104]

Als Ausgangspunkt bieten sich zwei Alternativen. In der Regel werden explorative Szenarien aus der Gegenwart heraus entwickelt, um alternative Zukünfte zu beschreiben. Wird hingegen von einem bestimmten Zukunftszustand ausgegangen und werden mögliche Wege dorthin aufgezeigt, handelt es sich um antizipative Szenarien, die jedoch allenfalls dann hilfreich sind, wenn eine beeinflussende Strategie geplant wird.[105]

Anschließend ist der Zeithorizont zu betrachten, für den die Zukunftsbilder entwickelt werden. Differenziert wird zwischen kurz- (bis 2 Jahre), mittel- (ca. 5 Jahre) und langfristigen (ab 5 Jahren) Szenarien, wobei der Einsatz der mittel- und langfristigen in der Praxis überwiegt.[106] Für die Geschäftsfeldplanung leitet er sich konkret aus den generellen Planungszeiträumen der Unternehmung, aus der Dauer der Realisation von neuen Geschäftsaktivitäten sowie aus der branchenabhängigen Dynamik (z.B. Innovationszyklen) des Umfeldes ab.[107]

Die Szenarien-Endpunkte ergeben sich aus der Unterscheidung zwischen Extrem- und Trendszenarien. Während Extremszenarien mehr den Rahmen der Möglichkeiten abgrenzen sollen, sind Trendszenarien wahrschein-

---

[102] Vgl. Porter (Wettbewerbsvorteile), S. 561.

[103] Vgl. Linneman/Klein (Scenarios), S. 66f.; Reibnitz (Optionen), S. 209f.

[104] Vgl. Linneman/Klein (Scenarios), S. 67; Reibnitz (Optionen), S. 209.

[105] Vgl. Gausemeier/Fink/Schlake (Szenario-Management), S. 110; siehe zur beeinflussenden Strategie Kap. 4.3.4.

[106] Vgl. Ilsemann (Zukunft), S. 120; Stümke (Planung), S. 338; eine andere Aufteilung findet sich bei Angermeyer-Naumann (Szenarien), S. 297 und Schnaars (Develop), S. 108.

[107] Vgl. Linneman/Klein (Scenarios), S. 71; Reibnitz (Szenarioplanung), Sp. 1986.

lichere Zukunftsentwicklungen in der Mitte des Trichters.[108] Abhängig von
der Zahl der Zukunftsbilder wie auch der Intention der Aufgabenstellung
können beide parallel erstellt werden.

Wird der Verlauf zwischen Ausgangs- und Endpunkt explizit in den Szenarien dargestellt, liegen Pfad- bzw. Prozeßszenarien vor, die einen Vergleich
mit dem realen Fortgang erleichtern und die Nachvollziehbarkeit erhöhen.[109] Im Gegensatz dazu stehen Situationsszenarien, die lediglich eine
Zustandsbeschreibung des Zukunftsbilds darstellen und somit leichter zu
erstellen sind.[110]

Aus der Kombination unterschiedlicher Merkmalsausprägungen der Szenarien ergibt sich schließlich der Szenario-Typ, der für das konkrete Projekt
adäquat ist.

3.1.3 Organisationsplanung

Im Rahmen der Organisationsplanung wird das Szenarioprojekt hinsichtlich der Art der Durchführung, der beteiligten Personen sowie des zeitlichen Ablaufs vorbereitet. Grundsätzlich kann die Realisation des Projekts
auf zwei Arten erfolgen: Die Szenarien werden entweder durch die Planungsabteilung oder interaktiv erstellt.[111] Bei interaktiver Vorgehensweise
werden Mitarbeiter und / oder Entscheidungsträger aus verschiedenen Bereichen des Unternehmens herangezogen. In beiden Fällen ist ein Projekt-
leiter mit der Durchführung zu betrauen, der den Ablauf organisiert und
überwacht; deshalb sollte er mit den anzuwendenden Arbeitstechniken
vertraut sein.[112] Die einzelnen Schritte des Projekts werden meist in Grup-
penarbeit (Workshops) durchgeführt.[113]

---

[108] Vgl. Gausemeier/Fink/Schlake (Szenario-Management), S. 114.
[109] Vgl. Geschka/Winckler (Szenarien), S. 18; Gausemeier/Fink/Schlake (Szenario-
       Management), S. 109.
[110] Vgl. Linneman/Klein (Scenarios), S. 64.
[111] Siehe dazu Meyer-Schönherr (Szenario-Technik), S. 68f.
[112] Vgl. Tessun (Szenarien), S. 124.
[113] Vgl. Zerres (Szenario-Technik), S. 59.

Beteiligte Personen sind beim erstgenannten Ansatz Mitarbeiter der Planungsabteilung. Die Erfassung der benötigten Informationen erfolgt dabei durch Befragung der zuständigen Personen des Unternehmens. Beim interaktiven Ansatz müssen die Teilnehmer vorher bestimmt werden. Bei deren Auswahl sollte auf verschiedene Kriterien geachtet werden. Die Teilnehmer sollten Know-how und Erfahrungen entsprechend der Themenstellung besitzen, unterschiedliche Altersgruppen repräsentieren, fachlich möglichst breit gestreut sowie sozial homogen sein.[114] Entscheidend ist, auch leitende Personen des Unternehmens als Adressaten der Szenarien einzubeziehen.[115] So sind sie beim interaktiven Ansatz direkt integrierbar. Andernfalls sollten sie laufend über Fortschritte unterrichtet werden, um den gedanklichen Ablauf der Erstellung nachvollziehbar zu machen und die Akzeptanz der Zukunftsbilder zu erhöhen.[116] Zusätzlich können noch externe Berater, Experten, Kunden, Lieferanten und sonstige Quellen in das Projekt einbezogen werden.[117]

Der zeitliche Rahmen ist abhängig vom Umfang des Projekts, von den eingesetzten Verfahren und der Art der Durchführung.[118] Er sollte vorher abgesteckt werden, um ein strukturiertes Vorgehen zu erleichtern und eine Überprüfung des Fortschritts zu ermöglichen.[119]

3.2 Analyse des Szenariofeldes

Mit der Analyse des Szenariofeldes beginnt der eigentliche Erstellungsprozeß. Es werden für das Untersuchungsfeld relevante beeinflussende Größen (sog. Einflußfaktoren[120]) und deren Systemzusammenhang ermit-

---

[114]   Siehe Reibnitz (Szenario-Technik), S. 248.

[115]   Vgl. Linneman/Klein (Scenarios), S. 68; Reibnitz (Szenario-Technik), S. 248.

[116]   Vgl. Kneschaurek (Szenarienanalysen), S. 321.

[117]   Vgl. Schoemaker (Scenario), S. 36.

[118]   Siehe ausführlich zu den zeitlichen Abläufen Reibnitz (Szenario-Technik), S. 238-247.

[119]   Vgl. Moyer (Scenario), S. 181.

[120]   Im folgenden werden die Begriffe Einflußfaktor und Einflußgröße simultan verwendet.

telt.[121] Die Ist-Zustände dieser Einflußfaktoren bilden schließlich die Basis
für einzelne Zukunftsprojektionen.

3.2.1 Umfang der zu ermittelnden Größen

Das Untersuchungsfeld ist einer Vielzahl von Einflußgrößen ausgesetzt.[122]
Um ein umfassendes Systemverständnis der komplexen Realität zu erhalten, sind möglichst viele zu berücksichtigen.[123] Allerdings wird eine größere Zahl an Faktoren nur schwer zu bearbeiten sein, da mit der Anzahl der
Einflußfaktoren auch die Zahl der zu untersuchenden Zusammenhänge
steigt.[124] Daraus ergibt sich ein Konflikt zwischen möglichst umfassender
Ermittlung und der Übersichtlichkeit bzw. Handhabbarkeit des weiteren
Ablaufs.[125] Daher ist die Anzahl auf die wesentlichen Einflußgrößen zu beschränken.[126] Sie ist bedingt durch den Umfang und den Aggregationsgrad
der im Rahmen der Analyse einbezogenen Umweltbereiche.[127] Werden die
folgenden Schritte mit Rechnerunterstützung durchgeführt, können i.d.R.
mehr Faktoren betrachtet werden, als bei Erstellung „per Hand". Der konkrete Detaillierungsgrad ist deshalb vom Einzelfall abhängig. In der Literatur bewegt sich die Anzahl der Faktoren zwischen 15 und 35 aus vier bis
sechs Einflußbereichen.[128]

Bei der Frage des Umfangs ist auch zu klären, inwiefern unternehmensin-
terne Faktoren zu betrachten sind. In den meisten Darstellungen der Literatur werden nur unternehmensexterne Faktoren berücksichtigt, so daß die

---

[121] Vgl. Lehnen (Szenariotechnik), S. 72; Scherm (Szenario-Technik), S. 95.

[122] Vgl. Meyer-Schönherr (Szenario-Technik), S. 47.

[123] Vgl. Müller (Szenarioplanung), S. 196.

[124] Vgl. Götze (Szenario-Technik), S. 108; Gausemeier/Fink/Schlake (Szenario-
Management), S. 187.

[125] Vgl. Schnaars (Develop), S. 107.

[126] Vgl. Angermeyer-Naumann (Szenarien), S. 305; Scherm (Szenario-Technik), S. 95.

[127] Vgl. Götze (Szenario-Technik), S. 109.

[128] Vgl. Hammer/Reibnitz (Strategische), S. 4/460; Müller (Szenarioplanung), S. 195;
Geschka/Winckler (Szenarien), S. 20; Zerres (Szenario-Technik), S. 60; Meyer-
Schönherr (Szenario-Technik), S. 48; Gausemeier/Fink/Schlake (Szenario-Manage-
ment), S. 188.

erstellten Szenarien lediglich die Unternehmensumwelt abbilden.[129] Die Begründung liegt darin, daß interne Faktoren beeinflußbar sind, während externe Faktoren kaum vorherbestimmbar sein werden und damit alternativ in die Zukunft projiziert werden sollen. Interne Faktoren sind aber nicht immer beliebig beeinflußbar und haben unbestimmbare Komponenten.[130] Aus diesem Grund ist es durchaus sinnvoll, auch interne Größen einzubeziehen.[131] Zudem können dadurch bewußt Szenarien entworfen werden, die Beeinflussungsmöglichkeiten aufzeigen.[132] Bei Prognose dieser Größen muß allerdings darauf geachtet werden, daß erst zu überprüfende Strategien nicht als Grundlage dienen. Daher ist die Betrachtung von internen Faktoren nicht ganz unproblematisch.

3.2.2 Bestimmung von Einflußfaktoren

Die Bestimmung beinhaltet die Ermittlung und die Beschreibung von Einflußfaktoren. Sie stellt keinen einmaligen, definitiven Schritt dar, sondern wird gegebenenfalls durch neue Erkenntnisse im Laufe des Prozesses überarbeitet und erweitert.[133]

3.2.2.1 Arten der Ermittlung

Die Ermittlung von Einflußfaktoren kann auf verschiedene Arten erfolgen. Bei deduktivem Vorgehen wird das Untersuchungsumfeld systematisch zerlegt. Es werden übergeordnete Einflußbereiche ermittelt, die bei Bedarf noch weiter untergliedert werden.[134] Anhand dieser Unterteilung werden

---

[129] Vgl. Geschka/Hammer (Szenario-Technik), S. 474; Schnaars (Develop), S. 112; Reibnitz (Szenario-Technik), S. 33; Götze (Szenario-Technik), S. 106.

[130] Vgl. Kreilkamp (Management), S. 70.

[131] Vgl. Gomez/Escher (Szenarien), S. 419; zu einem Beispiel siehe Speck (Bedarfsplanung), S. 240.

[132] Vgl. Linneman/Klein (Scenarios), S. 70; Gausemeier/Fink/Schlake (Szenario-Management), S. 106 u. 171.

[133] Vgl. Godet (Scenarios), S. 33; Vester (Ausfahrt), S. 38.

[134] Vgl. Reibnitz (Szenario-Technik), S. 34.

nun für jeden Bereich relevante Einflußfaktoren bestimmt.[135] Ein strukturiertes Vorgehen verhindert, daß Einflußbereiche übersehen werden und
erleichtert das Verständnis der Zusammenhänge.[136] Eine andere Möglichkeit, Einflußfaktoren strukturiert zu gewinnen, ist die Bildung von Kausalketten. Jede gefundene Einflußgröße wird daraufhin analysiert, von welchen anderen Faktoren sie abhängt bzw. welche von ihr abhängen. So werden Schritt für Schritt eine Reihe weiterer Größen identifiziert.[137]

Ein dazu gegensätzlicher Ansatz ist die intuitive Ermittlung der Faktoren.
Mittels kreativer Techniken[138] wird zunächst eine Vielzahl von möglichen
Größen festgehalten. Erst im Anschluß werden sie strukturiert und be-
stimmten Einflußbereichen zugeordnet.[139]

Unabhängig von der Ermittlungsart sollten zunächst alle möglichen Einflußfaktoren bestimmt werden, um keine wesentlichen zu übersehen.[140] Um
dies zu gewährleisten, sollten neben dem vorhandenen Wissen möglichst
viele Informationsquellen einbezogen werden. Zur Informationsbeschaf-
fung können Befragungen mit Kunden, Lieferanten, Mitarbeitern, externen Experten usw. durchgeführt oder Literaturrecherchen (Datenbanken,
Marktforschungsstudien, Fachpresse) betrieben werden.[141]

3.2.2.2 Beschreibung der Faktoren

Weiterhin wichtig ist eine detaillierte Beschreibung der gefundenen Faktoren. Da die Erarbeitung meist in Gruppen durchgeführt wird, muß sicherge-

---

[135] Vgl. Gausemeier/Fink/Schlake (Szenario-Management), S. 174; Becker/List (Zukunft), S. 43.

[136] Vgl. Oberkampf (Szenario-Technik), S. 20.

[137] Vgl. Porter (Wettbewerbsvorteile), S. 571; Gausemeier/Fink/Schlake (Szenario-
Management), S. 176f.

[138] Siehe zu kreativen Techniken Böcker/Müller-Heumann (Techniken), S. 545-547
sowie Schlicksupp (Kreativitätstechniken), Sp. 930-943.

[139] Vgl. Hammer/Reibnitz (Strategische), S. 4/459; Geschka/Hammer (Szenario-
Technik), S. 474; Godet (Scenarios), S. 33.

[140] Vgl. Porter (Wettbewerbsvorteile), S. 566; Tessun (Szenarien), S. 114.

[141] Vgl. Oberkampf (Szenario-Technik), S. 22; Probst (Organisation), S. 342.

stellt sein, daß jedes Gruppenmitglied von den gleichen Voraussetzungen ausgeht, um Mißverständnisse zu vermeiden.

Zunächst ist jeder Faktor mit einer Kurzbezeichnung zu versehen, um eine übersichtliche Darstellung und Verarbeitung der Faktoren im weiteren Prozeß zu ermöglichen.[142] Unter dem Schlagwort ist eine umfassende, ausformulierte Beschreibung zu erstellen.[143] So werden Interpretationsfehler durch unterschiedliche Vorstellungen über den Faktor bereits im Vorfeld vermieden.[144] Zudem wird dies als Voraussetzung gesehen, um eine sinnvolle Analyse der Beziehungen zueinander vorzunehmen.[145]

Die Beschreibung der Einflußgrößen sollte wertneutral erfolgen, um nicht von vornherein eine bestimmte Entwicklungsrichtung festzulegen.[146] Eine Charakterisierung der Faktoren durch Attribute kann allerdings für den weiteren Verlauf von Nutzen sein. So können quantitative und qualitative Größen unterschieden werden, je nachdem, ob die Ausprägungen der Faktoren durch Werte konkretisierbar sind oder verbal beschrieben werden müssen.[147]

Eine weitere Unterscheidung kann zwischen abhängigen und unabhängigen Faktoren erfolgen, vor allem wenn die Ermittlung über Kausalketten erfolgt ist. Unabhängig ist eine Größe, wenn ihre zukünftige Entwicklung nicht durch andere betrachtete Faktoren bestimmt wird.[148] Eine Differenzierung zwischen lenkbaren und nicht-lenkbaren Größen zeigt Möglichkeiten der Einflußnahme auf.[149] Denkbar ist zudem eine Aufgliederung in konstante, vorherbestimmte und kritische Faktoren.[150] Konstant ist eine Größe, wenn

---

[142] Vgl. Gausemeier/Fink/Schlake (Szenario-Management), S. 184.

[143] Vgl. Godet (Scenarios), S. 33.

[144] Vgl. Angermeyer-Naumann (Szenarien), S. 355.

[145] Vgl. Godet (Scenarios), S. 33.

[146] Vgl. Reibnitz (Szenarioplanung), Sp. 1988.

[147] Vgl. Geschka/Reibnitz (Zukunftsanalyse), S. 132.

[148] Vgl. Porter (Wettbewerbsvorteile), S. 569f.

[149] Vgl. Ulrich/Probst (Anleitung), S. 185.

[150] Vgl. Porter (Wettbewerbsvorteile), S. 566.

sie sich im Zeitablauf nicht ändert. Ist sie dagegen einer Veränderung un-
terworfen, wird unterschieden, ob die Änderung eindeutig vorherbestimmbar oder unsicher (= kritisch) ist. Dabei besteht jedoch die Gefahr bereits
im Vorfeld Ausprägungen zu vernachlässigen. Daher sollte sich diese Einordnung erst im Rahmen der Prognose ergeben.

3.2.3 Einflußanalyse

Ziel der Einflußanalyse ist es, die ermittelten Faktoren hinsichtlich ihrer
gegenseitigen Beeinflussung und Interdependenzen zu beurteilen und einzuordnen.

Häufig dafür eingesetztes Instrument ist die sogenannte Einflußmatrix (vgl.
Abbildung 10).[151] Zunächst wird jeder ermittelte Einflußfaktor dahingehend beurteilt, wie stark er die anderen Faktoren direkt beeinflußt, was
durch eine Zahl zwischen 0 (kein Einfluß) und 3 (starker Einfluß) zum
Ausdruck gebracht wird.[152]

Die so bestimmten Einflüsse werden in die Matrix übertragen, wobei die
Zahl den Einfluß des Zeilenfaktors auf den Spaltenfaktor beschreibt.

---

[151] Siehe Angermeyer-Naumann (Szenarien), S. 355-358; Godet (Scenarios), S. 33-38;
Vester (Ausfahrt), S. 36-39; Ulrich/Probst (Anleitung), S. 142-150; Reibnitz (Szenario-Technik), S. 35-39; Götze (Szenario-Technik), S. 145-154; Gausemei-
er/Fink/Schlake (Szenario-Management), S. 189-195.

[152] Bei manchen Darstellungen in der Literatur werden statt einzelnen Faktoren übergeordnete Einflußbereiche betrachtet, siehe Reibnitz (Optionen), S. 37f.; Reibnitz
(Szenario-Technik), S. 35.

Einfluß von / auf	Einfluß-faktor 1	Einfluß-faktor 2	Einfluß-faktor 3	Einfluß-faktor 4	Einfluß-faktor 5	Einfluß-faktor 6	Einfluß-faktor 7	Aktiv-summe
Einflußfaktor 1	X	3	2	3	2	1	2	13
Einflußfaktor 2	1	X	1	1	0	0	0	3
Einflußfaktor 3	0	2	X	2	2	1	2	9
Einflußfaktor 4	1	3	3	X	2	1	1	11
Einflußfaktor 5	0	2	1	1	X	0	0	4
Einflußfaktor 6	0	1	0	0	0	X	0	1
Einflußfaktor 7	2	1	2	0	0	0	X	5
Passivsumme	4	12	9	7	6	3	5	Σ 46

Abbildung 10: Einflußmatrix[153]

So wird für jeden Faktor eine Zeilen- und eine Spaltensumme bestimmt. Eine hohe Zeilensumme steht für einen stark beeinflussenden Faktor und wird deshalb auch als Aktivsumme bezeichnet. Eine hohe Spaltensumme zeichnet dagegen einen stark beeinflußten Faktor aus und wird daher Passivsumme genannt. Das Produkt aus Aktiv- und Passivsumme bestimmt, wie stark ein Faktor in das Gesamtsystem eingebunden ist. Je größer das Produkt, desto stärker die Einbindung (stark aktiv und passiv). Der Quotient der Summen drückt aus, ob ein Faktor mehr aktiv (> 1) oder passiv (< 1) ist.

Zur Veranschaulichung werden die Faktoren in ein System-Grid, ein Koordinatensystem mit Aktiv- und Passivachse, eingezeichnet (vgl. Abbildung 11). Aufgrund ihrer Position innerhalb des Grids lassen sie sich in aktive (Quadrant I), passive (Quadrant III), ambivalente (stark aktiv und passiv - Quadrant II) und puffernde (schwach aktiv und passiv - Quadrant IV) Größen unterscheiden.[154]

---

[153] Erstellt in Anlehnung an Reibnitz (Szenario-Technik), S. 35.

[154] Vgl. zu vorhergehendem Absatz Vester (Ausfahrt), S. 36-39 und Mißler-Behr (Methoden), S. 55-59.

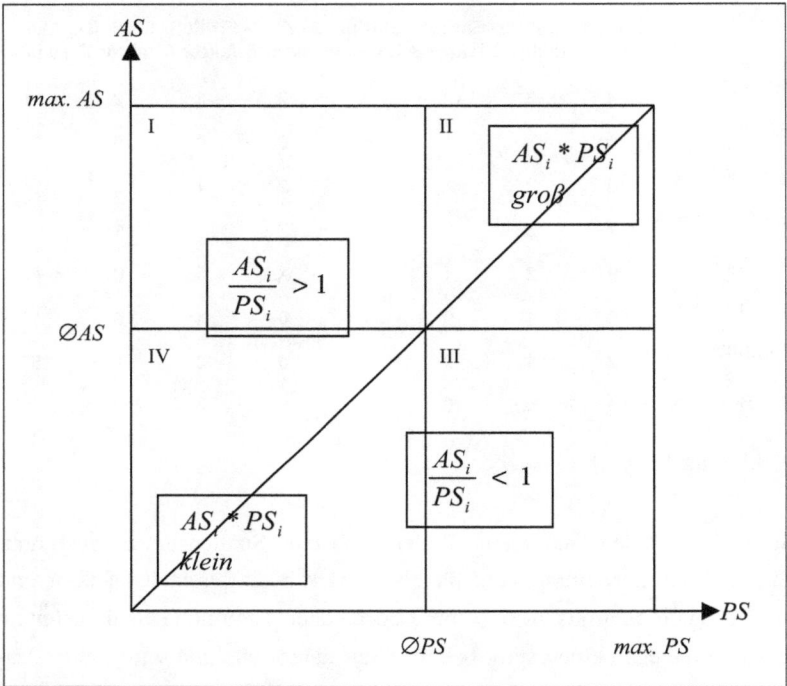

Abbildung 11: System-Grid[155]

Eine andere Möglichkeit Systemzusammenhänge darzustellen, sind Strukturbilder. Die einzelnen Faktoren werden wiederum auf ihre Beziehung zueinander untersucht und dann graphisch durch gerichtete Pfeile verbunden, deren Dicke die Wirkungsstärke zum Ausdruck bringen soll (vgl. Abbildung 12).[156]

---

[155]   Entnommen aus Mißler-Behr (Methoden), S. 57.

[156]   Vgl. Scherm (Szenario-Technik), S. 95.

Geschäftsstellen

Löhne

Miete/
Abschreibungen

Margen/
Rabatte

Ertrag

Sortimentsmix

Wettbewe
position

Mitarbeiter-
Bonus

Preise

Marketing

Verkäufe

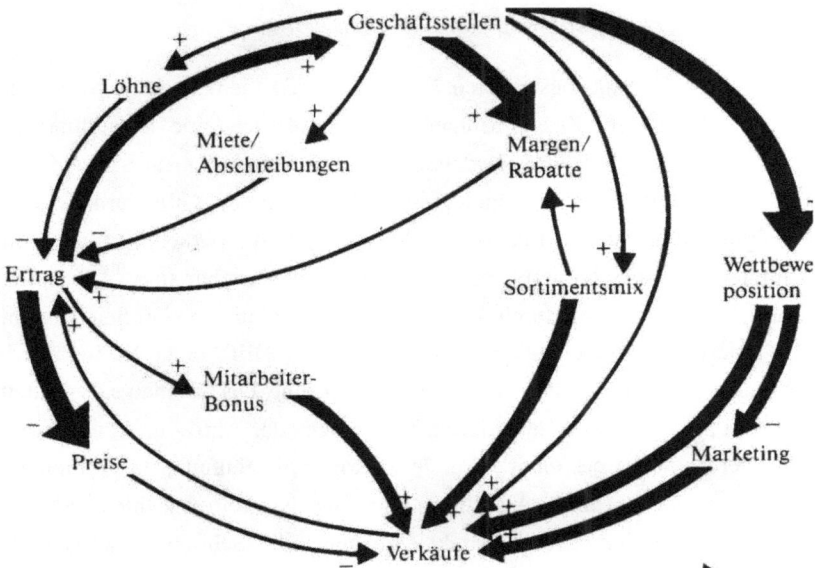

Abbildung 12: Beispiel eines Strukturbildes[157]

Ein Strukturbild hat gegenüber einer Einflußmatrix den Vorteil, daß die graphische Anordnung der Faktorenbeziehungen durch Pfeile sehr gut auch indirekte Beziehungen (d.h. über einen anderen Faktor) erkennen läßt, die bei der Einflußmatrix zunächst unberücksichtigt bleiben. Allerdings nimmt die Anschaulichkeit der Strukturbilder mit zunehmender Zahl von Einflußfaktoren ab.[158]

3.2.4 Reduktion auf Schlüsselfaktoren

Aus der großen Zahl der ermittelten Einflußgrößen sind nun diejenigen auszuwählen, die einen wesentlichen und charakteristischen Einfluß auf das Untersuchungsfeld haben. Diese werden im folgenden als Schlüsselfaktoren bzw. -größen bezeichnet und mit ihrem Ist-Zustand beschrieben.

---

[157] Entnommen aus Ulrich/Probst (Anleitung), S. 158.

[158] Vgl. Scherm (Szenario-Technik), S. 95.

3.2.4.1 Berücksichtigung von Ähnlichkeiten

Zunächst sind alle bestimmten Einflußfaktoren thematisch zu strukturie-
ren.[159] In diesem Zusammenhang kann zusätzlich eine Bewertung der
Größen hinsichtlich ihrer Bedeutung für das Unternehmen erfolgen, wodurch eine Rangfolge festgelegt wird.[160] Durch die Gruppierung ist es
möglich, inhaltlich sich überschneidende Faktoren zu erkennen und zu eli-
minieren, so daß die verbleibenden eindeutig abgrenzbar sind.[161] Eine weitere Reduktion wird durch Zusammenfassung ähnlicher Größen erreicht.
Wurde der Systemcharakter der Faktoren mit Hilfe einer Einflußmatrix
untersucht, werden ähnliche Größen durch eine Distanzanalyse ermittelt,
indem die Summe der quadrierten Differenzen der Aktiv- und Passivwerte
zweier Faktoren bestimmt wird. Je niedriger die Summe, desto ähnlicher
sind sich die Faktoren. Allerdings ist neben dem reinen Zahlenwert auch
auf die inhaltliche Gemeinsamkeit zu achten.[162] Schließlich können die
verbleibenden Faktoren noch zu Einflußbereichen zusammengefaßt werden, um eine weitere Reduktion zu erreichen.[163]

3.2.4.2 Analyse der Abhängigkeiten

Durch Ergebnisinterpretation der Einflußanalyse können aus den Einflußfaktoren bzw. -bereichen diejenigen bestimmt werden, die das System am
meisten prägen bzw. für das Untersuchungsfeld von besonderer Bedeutung
sind.

Anhaltspunkt sind die durch die Einflußmatrix bestimmten Kennzahlen
sowie die daraus resultierende Positionierung der Größen innerhalb des
System-Grids. Von besonderer Bedeutung für die zukünftige Entwicklung

---

[159] Vgl. Geschka/Reibnitz (Zukunftsanalyse), S. 131.

[160] Vgl. Reibnitz (Szenario-Technik), S. 34.

[161] Vgl. Meyer-Schönherr (Szenario-Technik), S. 48.

[162] Siehe zur Distanzanalyse Gausemeier/Fink/Schlake (Szenario-Management),
S. 203f.

[163] Vgl. Geschka/Hammer (Szenario-Technik), S. 474; Meyer-Schönherr (Szenario-
Technik), S. 48.

sind vorwiegend die aktiven und ambivalenten Größen, da sie das System stärker beeinflussen und letztere auch stark beeinflußbar sind.[164] Ihnen sollte deshalb eine größere Beachtung geschenkt werden. Passive Elemente werden hauptsächlich von anderen Größen beeinflußt und sind deshalb zwar weniger bestimmend für die Szenarien, können aber aufgrund dieser Eigenschaft als Indikatoren für kommende Entwicklungen dienen.[165] Puffernde Größen erweisen sich im Gesamtsystem als relativ wirkungslos und sind deshalb vernachlässigbar.[166]

Anhand eines Strukturbildes können die oben angeführten Auswahlkriterien ebenfalls angewandt werden. Die Aktivität bzw. Passivität einer Größe ergibt sich aus der Anzahl ab- bzw. eingehender Pfeile. Je größer dabei die Gesamtzahl der Pfeile, desto stärker ist diejenige Größe ins System eingebunden und sollte berücksichtigt werden. Wie schon erwähnt, fließen bei dieser Beurteilung vor allem auch indirekte Beziehungen mit ein.[167]

Ein mathematisches Modell zur Einordnung der Faktoren unter besonderer Beachtung ihrer indirekten Beziehungen ist die MICMAC-Methode von GODET. Ausgangspunkt ist eine Einflußmatrix, die lediglich zwischen Einfluß (1) und Nicht-Einfluß (0) unterscheidet. Diese wird solange mit sich selbst multipliziert, bis sich die Rangfolge der Zeilen- und Spaltensummen nicht mehr ändert. Die Rangfolgen dieser Summen ordnen die Größen hinsichtlich ihrer Aktivität und Passivität und können ebenfalls als Auswahlkriterium herangezogen werden.[168]

3.2.4.3 Ermittlung der Schlüsselfaktorausprägungen

Abhängig vom Aggregationsgrad liegen nun die als wesentlich identifizierten Einflußfaktoren oder -bereiche vor. Im zweiten Fall sind für diese

---

[164] Vgl. Angermeyer-Naumann (Szenarien), S. 378f.

[165] Vgl. Angermeyer-Naumann (Szenarien), S. 378f.; Gausemeier/Fink/Schlake (Szenario-Management), S. 209.

[166] Vgl. Gausemeier/Fink/Schlake (Szenario-Management), S. 202.

[167] Vgl. Vester (Ausfahrt), S. 37.

[168] Siehe Godet (Scenarios), S. 38-41.

noch charakterisierende Schlüsselgrößen festzulegen, um zukünftige Entwicklungen ableiten zu können.[169] Anschließend wird jeder Schlüsselfaktor
auf seinen Ist-Zustand untersucht und beschrieben. Quantifizierbare Faktoren werden mit ihrem gegenwärtigen Wert angegeben. Nicht-quantifizier-
bare Größen sind entweder mit Hilfe von speziellen Skalen zu bewerten
oder verbal zu beschreiben.[170] Da die Szenarien i.d.R. von mehreren Personen erarbeitet werden, ist es wichtig, über den Ist-Zustand Einigkeit zu erzielen, da bei verschiedenen Ansichten unterschiedliche Einschätzungen
über zukünftige Verläufe denkbar sind.[171]

3.3 Entwicklung von Zukunftsprojektionen

Im Anschluß an die Szenariofeld-Analyse erfolgt der „Schritt in die Zukunft". Ausgehend vom gegenwärtigen Zustand der Schlüsselfaktoren werden für diese mögliche zukünftige Projektionen ermittelt. Eine Auswahl
daraus stellt schließlich das Grundgerüst für die Szenarien dar. An die
Projektionen sind daher zunächst gewisse Anforderungen zu stellen.

3.3.1 Anforderungen an die Projektionen

Die Güte der Szenarien nimmt zu, wenn diese Entwicklungen enthalten, die
von den Anwendern als glaubwürdig und nachvollziehbar angesehen werden.[172] Deshalb ist es zunächst wichtig, diese aus der Gegenwart heraus zu
entwickeln.[173] Damit wird sichergestellt, daß die Projektionen aus heutiger
Sicht denkbar sind. Genauso sollten die Projektionen und ihr Zustandekommen gut begründet werden.[174] Durch Zugrundelegen einer möglichst
breiten Datenbasis wird diese Fundierung sichergestellt sowie eine weitestgehend vollständige Abbildung möglicher Faktorentwicklungen gewährlei-

---

[169] Vgl. Geschka/Reibnitz (Zukunftsanalyse), S. 132.

[170] Vgl. Geschka/Reibnitz (Zukunftsanalyse), S. 132.

[171] Vgl. Gausemeier/Fink/Schlake (Szenario-Management), S. 230.

[172] Vgl. Angermeyer-Naumann (Szenarien), S. 303f.

[173] Vgl. Geschka/Hammer (Szenario-Technik), S. 475; Mißler-Behr (Methoden), S. 14.

[174] Vgl. Geschka/Hammer (Szenario-Technik), S. 475.

stet.[175] Bei der Auswahl genügt es nur solche Projektionen zu berücksichtigen, die sich von anderen deutlich unterscheiden.[176] So kann die Zukunft
eines Faktors durchaus durch wenige mögliche, aber repräsentative Ausprägungen vollständig beschrieben werden.

Eine Ausformulierung und Präzisierung der einzelnen Ausprägungen vor
allem bei qualitativen Faktoren führt zu einem besseren Verständnis der
Zustände.[177] Durch Schlagworte oder Kurzbezeichnungen wiederum können die Projektionen für die spätere Auswahl übersichtlicher dargestellt
werden.[178] Dabei ist darauf zu achten, daß jeder Beteiligte weiß, was sich
hinter der Bezeichnung verbirgt.

3.3.2 Möglichkeiten der Projektionen-Ermittlung

Die Ermittlung möglicher Projektionen erfolgt für jeden Schlüsselfaktor
getrennt. Sie kann sowohl im Team selbst erfolgen als auch aus externen
Quellen abgeleitet werden.

Zur eigenen Ermittlung der möglichen Ausprägungen bieten sich mehrere
Möglichkeiten an. Zunächst lassen sich bestehende Entwicklungen fort-
schreiben, was einer herkömmlichen Prognose entspricht. Des weiteren
können bestehende Verläufe bewußt überzeichnet werden, um extreme
Ausprägungen zu erhalten. Anhaltspunkte liefern dabei vorherbestimmte
Entwicklungsgrenzen.[179] Auch eine Beschleunigung oder Verlangsamung
des Verlaufes lassen alternative Ausprägungen zu. Im Falle von abhängigen Faktoren leitet sich deren Entwicklung aus dem der unabhängigen
Faktoren ab. Die Ermittlung der Projektionen kann auch in mehreren Zeitschritten erfolgen, wobei Ausprägungen von bestimmten Ereignissen in der

[175] Vgl. Mißler-Behr (Methoden), S. 14.
[176] Vgl. Gausemeier/Fink/Schlake (Szenario-Management), S. 227.
[177] Vgl. Gausemeier/Fink/Schlake (Szenario-Management), S. 247.
[178] Vgl. Gausemeier/Fink/Schlake (Szenario-Management), S. 247.
[179] Vgl. Linneman/Kennell (Approach), S. 146.

Zukunft abhängig gemacht werden.[180] Zur allgemeinen Unterstützung sind kreative Techniken, Gruppendiskussionen, Trendextrapolationen und ökonometrische Modelle einsetzbar.[181]

Als externe Quellen bieten sich Forschungsinstitute, Experten, Zukunftsstudien, Datenbanken aber auch Kunden, Lieferanten oder verwandte Unternehmen an.[182] So können eigene Einschätzungen überprüft und fundamentiert sowie neue Erkenntnisse hinzugewonnen werden.

3.3.3 Projektionen-Auswahl

Aus den vorliegenden Projektionen sind nun für jeden kritischen Faktor einige wenige Ausprägungen auszuwählen, die dann zusammen mit den unkritischen Größen zu Szenarien verdichtet werden. Die Auswahl erfolgt subjektiv durch den oder die Ersteller nach mehreren Gesichtspunkten. Bei extremen oder langfristigen Szenarien werden insbesondere überzeichnete Annahmen in Betracht gezogen, während bei Trendszenarien eher gemäßigte Ausprägungen bevorzugt werden.[183] Des weiteren kann die Auswahl anhand subjektiver Wahrscheinlichkeiten erfolgen, so daß lediglich die wahrscheinlichsten Entwicklungen Berücksichtigung finden.[184] Da alternative Zukunftsbilder Ziel des Prozesses sind, wird bei der Auswahl auch die Unterschiedlichkeit der Annahmen heranzuziehen sein. Besteht zwischen den Auswirkungen einzelner Ausprägungen eines Faktors ein Zusammenhang, genügt es meist zwei Annahmen stellvertretend auszuwählen. Ist ein solcher nicht erkennbar, müssen unter Umständen weitere einbezogen werden.[185]

---

[180]   Vgl. Geschka/Hammer (Szenario-Technik), S. 475; Reibnitz (Szenario-Technik), S. 47.

[181]   Vgl. Lehnen (Szenariotechnik), S. 74; zu vorhergehendem Absatz vgl. Gausemeier/Fink/Schlake (Szenario-Management), S. 231-237.

[182]   Vgl. Linneman/Kennell (Approach), S. 146.

[183]   Vgl. Gausemeier/Fink/Schlake (Szenario-Management), S. 241.

[184]   Zur Problematik der Wahrscheinlichkeiten siehe Kap. 3.3.4.

[185]   Vgl. Porter (Wettbewerbsvorteile), S. 576.

3.3.4 Zuordnung von Wahrscheinlichkeiten

Bei der Bestimmung der Projektionen können diese mit Eintrittswahrscheinlichkeiten belegt werden. Dabei handelt es sich um subjektive, von den Erstellern geschätzte Wahrscheinlichkeiten.[186] Diese geben entweder persönliche Einschätzungen wieder oder werden aus externen Datenquellen abgeleitet, die ebenfalls subjektive Ansichten beinhalten. Die Angaben sind deshalb schwer zu objektivieren und durchaus variierbar.

Durch die Angabe von Wahrscheinlichkeiten können die einzelnen Annahmen gemäß ihrer geschätzten Plausibilität gewichtet werden.[187] Sie ermöglichen auch die Berechnung von Szenario-Eintrittswahrscheinlichkeiten, sofern diese nicht ebenfalls abgeschätzt werden. Andererseits kann durch sie der Blick der Anwender auf lediglich wahrscheinliche Zukunftsbilder und damit abseits von Randzuständen gelenkt werden.

In der Literatur wird deshalb die Angabe von Wahrscheinlichkeiten kontrovers diskutiert: Während bei einigen Autoren die Vergabe von Wahrscheinlichkeiten als fester Bestandteil des Szenarioprozesses gilt, lehnen andere dagegen die Berücksichtigung völlig ab.[188] GESCHKA widerspricht sich sogar selbst, indem er einerseits von Szenarien als „Möglichkeiten ohne Bewertung einer Eintrittswahrscheinlichkeit"[189] spricht, andererseits bei Szenarienvorauswahl das Kriterium „hohe Wahrscheinlichkeit"[190] benutzt. Deshalb sollen hier kurz Vor- und Nachteile der Wahrscheinlichkeitszuordnung dargestellt werden.

Wahrscheinlichkeiten erlauben eine Gewichtung einzelner Ausprägungen bzw. ganzer Szenarien. Durch sie kann die Kenntnis und die Erfahrung der

---

[186] Vgl. Mißler-Behr (Methoden), S. 39.

[187] Vgl. Gausemeier/Fink/Schlake (Szenario-Management), S. 225.

[188] Vgl. Agustoni (Szenarien), S. 320-321; Brauers/Weber (Szenarioanalyse), S. 633; Müller (Szenarioplanung), S. 196; Zerres (Szenario-Technik), S. 58; im Gegensatz dazu Schnaars (Develop), S. 112; Reibnitz (Szenario-Technik), S. 49; Tessun (Vortrag).

[189] Geschka/Reibnitz (Zukunftsanalyse), S. 130.

[190] Geschka/Hammer (Szenario-Technik), S. 475.

Ersteller zum Ausdruck gebracht werden, wie relevant sie die jeweiligen Entwicklungen im Hinblick auf den gewählten Zeithorizont einschätzen.[191]

Bezüglich einzelner Ausprägungen werden Wahrscheinlichkeiten insbesondere zur Auswahl und zur Reduktion von Annahmenbündeln herangezogen, indem aus den jeweiligen Ausprägungswahrscheinlichkeiten eine Bündelwahrscheinlichkeit berechnet wird. Vor allem die Verfahren der noch folgenden Cross-Impact-Analyse[192] bauen auf Eintrittswahrscheinlichkeiten auf.

Auf Szenario-Ebene können durch Einschätzung ihrer Relevanz Schwerpunktserwartungen gesetzt und die Aussagekraft der Szenarien erhöht werden.[193] So wird der daran anschließende Entscheidungsprozeß, bei Berücksichtigung der Subjektivität, untermauert, da eine Gewichtung die Strategiebestimmung erleichtert.[194] Es werden Prioritäten sichtbar, woran sich die Notwendigkeit gewisser Strategien erkennen läßt.[195]

Demgegenüber ist jedoch eine Reihe von Einschränkungen zu nennen, die diese Vorteile relativieren. Ein entscheidendes Problem der Wahrscheinlichkeiten ist deren Subjektivität. Sie enthalten nicht-quantifizierbares Wissen und sind nicht nachprüfbar.[196] Sie können aufgrund von Vorurteilen und Denkgewohnheiten entstanden und somit nur ungenügend beschreibend sein.[197] Sie spiegeln somit eine Scheingenauigkeit vor, die sie gar nicht besitzen.[198]

Eine zusätzliche Gefahr besteht in der Beschränkung des Blickfeldes. Extreme Zukunftsbilder, die bewußt erstellt werden, um den Möglichkeiten-

---

[191]   Vgl. Voigt (Unsicherheit), S. 529.

[192]   Siehe zur Cross-Impact-Analyse Kap. 3.4.2.

[193]   Vgl. Gausemeier/Fink/Schlake (Szenario-Management), S. 225.

[194]   Vgl. Kaluza/Ostendorf (Szenario-Technik), S. 40.

[195]   Vgl. Agustoni (Szenarien), S. 321.

[196]   Vgl. Voigt (Unsicherheit), S. 529.

[197]   Vgl. Porter (Wettbewerbsvorteile), S. 587.

[198]   Vgl. Schnaars (Develop), S. 109; Kaluza/Ostendorf (Szenario-Technik), S. 34.

bereich abzudecken, könnten aufgrund ihrer geringen Wahrscheinlichkeit bei der späteren Entscheidungsfindung ignoriert werden. Es ist sogar denkbar, daß ausschließlich das wahrscheinlichste Szenario zugrunde gelegt wird, was das Ziel der Szenarien „Denken in Alternativen" hinfällig werden läßt.[199] Problematisch ist dies vor allem, wenn Entwicklungen mit elementaren Auswirkungen für das Unternehmen vernachlässigt werden. VON REIBNITZ führt als Beispiel die Wiedervereinigung Deutschlands an, die Ende der achtziger Jahre als sehr unwahrscheinlich eingeschätzt, dann aber doch schnell Realität wurde und völlig neue Märkte öffnete.[200]

Ein weiterer Nachteil ergibt sich bei der Berechnung der Szenario-Eintrittswahrscheinlichkeiten. Da die Einzel-Ausprägungen nicht unabhängig voneinander eintreten, sind bedingte Wahrscheinlichkeiten zu ermitteln. Nachdem mehrere Verlaufsmöglichkeiten verknüpft werden müssen, ist deren Berechnung sehr komplex.[201] Werden die Szenarien im Zeitablauf zudem überarbeitet, müßten diese Wahrscheinlichkeiten bei Eintritt von einzelnen Ausprägungen angepaßt werden. Die in der Literatur dazu vorgestellten Anpassungsfunktionen sind ebenfalls sehr komplex.[202]

3.4 Szenario-Bildung

Nach erfolgter Projektionen-Auswahl und deren optionaler Belegung mit Wahrscheinlichkeiten sind aus diesen einige wenige Szenarien zu erstellen. Dazu werden die alternativen Ausprägungen zu Projektionsbündeln kombiniert, die durch Reduktion und Auswahl zu möglichst unterschiedlichen Gesamtbildern aggregiert werden. Diese müssen konsistent sein und können auch auf ihre Plausibilität hin untersucht werden. Die Anzahl der Zukunftsbilder kann dabei bereits im Vorfeld festgelegt werden. Sie kann sich aber auch erst im Rahmen der Bündelreduktion ergeben.

---

[199] Vgl. Oberkampf (Szenario-Technik), S. 17; Lehnen (Szenariotechnik), S. 72.

[200] Vgl. Reibnitz (Szenario-Technik), S. 60.

[201] Vgl. Probst (Organisation), S. 340.

[202] Siehe zu den Anpassungsfunktionen Mißler-Behr (Methoden), S. 84-93.

3.4.1 Bildung konsistenter Projektionsbündel mittels Konsistenzanalyse

Um die Konsistenz der Szenarien zu gewährleisten, müssen die zukünftigen Ausprägungen auf ihre gegenseitige Verträglichkeit hin überprüft werden. Bei einer sehr geringen Anzahl von Faktoren kann diese Prüfung intuitiv erfolgen, indem sämtliche Kombinationen einheitlich als konsistent oder nicht-konsistent beurteilt werden.[203] Bei einer Unterteilung in unabhängige und abhängige Faktoren im Rahmen einer Einflußanalyse genügt es, die Konsistenzprüfung auf die Verläufe der Unabhängigen zu beschränken, da sich die Ausprägungen der Abhängigen kausal und damit konsistent aus diesen ableiten lassen.[204]

Mit steigender Anzahl von Schlüsselfaktoren nimmt jedoch die Anzahl der Kombinationsmöglichkeiten zu, so daß ein methodisches Vorgehen unerläßlich wird.[205] Dazu werden die alternativen Entwicklungen kritischer Faktoren zunächst paarweise auf ihre Verträglichkeit bezüglich des gemeinsamen Eintretens überprüft.[206] Sie können sich gegenseitig ausschließen, neutral zueinander stehen oder begünstigen.[207] Um dies methodisch auszuwerten, ist eine Skala von Konsistenzzahlen festzulegen, welche die Beziehung der Annahmen zueinander beschreibt. Eine mögliche Einteilung umspannt die Werte 1 bis 5, wobei 1 für totale Inkonsistenz und 5 für hohe Verträglichkeit (Konsistenz) vergeben wird.[208] Jedem Ausprägungspaar wird nun eine Konsistenzzahl zugeordnet, wobei ausschließlich Annahmen unterschiedlicher Faktoren miteinander verglichen werden, da sich unterschiedliche Verläufe desselben Faktors definitionsgemäß ausschließen.[209]

---

[203] Vgl. Linneman/Kennell (Approach), S. 147; Scherm (Szenario-Technik), S. 96.

[204] Vgl. Linneman/Kennell (Approach), S. 146; Porter (Wettbewerbsvorteile), S. 578.

[205] Vgl. Reibnitz (Szenario-Technik), S. 49; Scherm (Szenario-Technik), S. 96.

[206] Vgl. Mißler-Behr (Methoden), S. 31f.

[207] Vgl. Meyer-Schönherr (Szenario-Technik), S. 50.

[208] Vgl. Brauers/Weber (Szenarioanalyse), S. 637; Götze (Szenario-Technik), S. 155; Gausemeier/Fink/Schlake (Szenario-Management), S. 255. Zu einer Übersicht über andere Einteilungen siehe Mißler-Behr (Methoden), S. 33.

[209] Vgl. Mißler-Behr (Methoden), S. 34.

Diese Zahlen sind in eine Matrix zu übertragen, die in den Zeilen und Spalten die jeweiligen Ausprägungen der einzelnen Faktoren enthält (vgl. Abbildung 13).

Konsistenzmatrix
Fragestellung: »Wie verträgt sich
Zukunftsprojektion A (Zeile) mit
Zukunftsprojektion B (Spalte)?«

Bewertungsmaßstab (Konsistenzwert)
1 = totale Inkonsistenz
2 = partielle Inkonsistenz
3 = neutral oder voneinander unabhängig
4 = gegenseitiges Begünstigen
5 = starke gegenseitige Unterstützung

Gruppe			1A	1B	4A	4B	7A	7B	12A	12B	12C	18A	18B	...	44A	44B	44C
Einkaufs-motivation	1A	Erlebniseinkauf															
	1B	Der wehrhafte Verbraucher															
Home-Shopping	4A	Einkaufen im Wohnzimmer	2	4													
	4B	Produktkontrolle außer Haus	5	2													
Einsatzmög-lichkeiten BZV	7A	Neue Einsatzgebiete	5	2	2	5											
	7B	Stagnation und Rückgang	3	4	5	2											
Angebot elektronischer Bankdienste	12A	Elektronische Bankdienste	4	3	4	2	5	2									
	12B	Weitreich. Spezialisierung	3	4	4	3	4	2									
	12C	Kein Zuwachs elektr. Bankd.	2	3	2	4	1	5									
Preise bargeld-lose Dienstleist.	18A	Preisanstieg	4	3	4	3	4	3	2	3	4						
	18A	Sinkende / konstante Preise	3	4	3	4	3	4	5	4	1						
⋮	⋮	⋮															
Soziale Fragmentierung	44A	Traditionelle Lebenswelten	3	4	3	3	4	3	4	3	3	3	4				
	44B	Informations-Hierarchien	5	2	5	3	5	2	5	2	4	5	2				
	44C	Gesellsch. der Subkulturen	4	3	2	4	4	3	4	3	4	3	4				

Abbildung 13: Konsistenzmatrix[210]

Mit Hilfe der Matrix können nun diejenigen Annahmenbündel ausgeschlossen werden, die mindestens ein total inkonsistentes Paar (= Konsistenzzahl 1) beinhalten.[211] Für die verbleibenden, konsistenten Bündel wird jeweils ein Konsistenzwert als Summe der Konsistenzzahlen der einzelnen Alternativenpaare vergeben. Durch Division der Konsistenzwerte durch die Anzahl der Paare in einem Bündel wird der durchschnittliche Konsistenzwert bestimmt, der eine Einordnung der Bündel anhand der festgelegten Skala ermöglicht. Die meist erheblichen Rechenoperationen, die für

---

[210]   Entnommen aus Gausemeier/Fink/Schlake (Szenario-Management), S. 258.

[211]   Vgl. Brauers/Weber (Szenarioanalyse), S. 637.

eine Konsistenzanalyse nötig sind, können dabei von speziell entwickelten Softwareprogrammen übernommen werden.

Problematisch ist die Betrachtung unkritischer Faktoren im Rahmen der Konsistenzanalyse. So führt die totale Inkonsistenz zwischen einer alternativen und einer eindeutigen Ausprägung zur völligen Elimination der alternativen Annahme. Da unkritische Faktoren in jedem Szenario enthalten sind und somit keine Auswahl zu treffen ist,

werden diese häufig erst bei Ausformulierung der Szenarien zu den selektierten kritischen Faktoren hinzugefügt.[212] Allerdings werden so mögliche Inkonsistenzen in Kauf genommen. Deshalb ist eine gesonderte Verträglichkeitsprüfung in bezug auf die unkritischen Faktoren durchzuführen, wobei im Einzelfall entschieden werden muß, ob eine Inkonsistenz die Elimination der alternativen Ausprägung rechtfertigt.[213]

Ein Kritikpunkt an der Konsistenzanalyse ist die Beschränkung auf die paarweise Betrachtung. Sie wird dadurch gerechtfertigt, da simultane Beziehungen zwischen mehr als zwei Annahmen sehr schwierig zu benennen sind.[214] Diese Vereinfachung läßt allerdings außer acht, daß die Beziehung zweier Ausprägungen durchaus von einer dritten abhängen kann. So ist z.B. ein steigender Benzinpreis und eine steigende Mobilität der Bevölkerung nur dann widersprüchlich, wenn nicht gleichzeitig das verfügbare Einkommen steigt. Eine eindeutige Zuordnung der Beziehung ist daher nur schwer möglich und erschwert die Ermittlung der Konsistenzzahlen, die losgelöst von dritten Größen bestimmt werden sollen.[215]

---

[212] Vgl. Geschka/Reibnitz (Zukunftsanalyse), S. 132f.; Reibnitz (Szenarioplanung), Sp. 1989.

[213] Vgl. zu den vorhergehenden Absätzen Gausemeier/Fink/Schlake (Szenario-Management), S. 254-260.

[214] Vgl. Mißler-Behr (Methoden), S. 101.

[215] Vgl. Reibnitz (Optionen), S. 232.

3.4.2 Plausibilitätsanalyse bei vorgegebenen Wahrscheinlichkeiten

Sind den einzelnen Ausprägungen Wahrscheinlichkeiten zugeordnet, können die Annahmenbündel auf ihre Plausibilität hin untersucht und in eine entsprechende Reihenfolge gebracht werden. Dazu sind die Eintrittswahrscheinlichkeiten der Bündel zu berechnen.

In einem simplifizierten Verfahren wird dabei die Unabhängigkeit der einzelnen Annahmen untereinander unterstellt.[216] Die Bündelwahrscheinlichkeiten ergeben sich dann aus der Multiplikation der einzelnen Ausprägungswahrscheinlichkeiten. Anmerkend sei darauf hingewiesen, daß dieses Verfahren nur im Zusammenhang mit einer Konsistenzanalyse durchzuführen ist. Die vereinfachende Annahme der Unabhängigkeit der Ausprägungen trifft in der Realität nicht zu.[217] Wird eine spätere Auswahl der Bündel allein anhand der so berechneten Wahrscheinlichkeiten getroffen, werden bestehende Abhängigkeiten nicht bedacht. Über die Stimmigkeit der einzelnen Bündel kann somit nichts ausgesagt werden und es besteht die Gefahr, inkonsistente Szenarien zu erhalten.

Ein komplexerer Ansatz zur Berechnung der Bündelwahrscheinlichkeiten ist die Cross-Impact-Analyse. Dabei handelt es sich nicht um eine einheitliche Methode, sondern vielmehr um eine Gruppe von Verfahren, die die Beziehungen der Ausprägungen zueinander (cross impacts) berücksichtigen. Da eine ausführliche Darstellung der vor allem mathematischen Hintergründe den Rahmen dieser Arbeit übertrifft, wird an dieser Stelle lediglich auf die Grundgedanken zweier Ansätze eingegangen.[218]

Ein Ansatz besteht darin, mit Hilfe wahrscheinlichkeitstheoretischer Regeln ein lineares Gleichungssystem bzw. ein Optimierungsproblem zu formulieren, durch deren Lösung die Szenarienwahrscheinlichkeiten ermittelt

---

[216] Vgl. Gomez/Escher (Szenarien), S. 420.

[217] Vgl. Schwartz (View), S. 233.

[218] Siehe ausführlicher Brauers/Weber (Szenarioanalyse), S. 633-644; Huss/Honton (Scenario), S. 24-29; Götze (Szenario-Technik), S. 163-225; Mißler-Behr (Methoden), S. 101-115.

werden. Als Ausgangspunkt müssen in beiden Fällen sowohl Eintrittswahrscheinlichkeiten einzelner Ausprägungen sowie bedingte oder gemeinsame
Eintrittswahrscheinlichkeiten mehrerer Ausprägungen angegeben bzw. ge-
schätzt werden. Da dies vor allem bei letzteren nicht ganz unproblematisch
ist, wurden die gemeinsamen Wahrscheinlichkeiten in einem neueren Ansatz aus geschätzten Konsistenzzahlen abgeleitet.[219]

Ein zweiter Ansatz bestimmt die Szenariowahrscheinlichkeit per Simulati-
onsverfahren. Ausgehend von den Einzelwahrscheinlichkeiten der Ausprägungen wird in einer Matrix festgelegt, welche Auswirkung ein Eintreten
bzw. ein Nicht-Eintreten einer Ausprägung auf die Eintrittswahrscheinlichkeiten der anderen hat. Nun wird das Eintreten einer Ausprägung ange-
nommen, die Wahrscheinlichkeiten der anderen unter Zuhilfenahme der
Matrix angepaßt und eine weitere Ausprägung hinsichtlich ihres Eintretens
aufgrund der veränderten Wahrscheinlichkeit beurteilt. Am Ende des
Simulationslaufs ergibt sich genau ein Annahmenbündel.[220] Die Simulation
wird solange wiederholt, bis jede Ausprägung sowohl durch den Eintritt als
auch durch den Nicht-Eintritt Startpunkt gewesen ist.[221] Die Wahrscheinlichkeiten der Projektionsbündel ergeben sich schließlich aus den Häufigkeiten der Simulationsergebnisse.[222]

Zu den Verfahren der Cross-Impact-Analyse ist anzumerken, daß sie vom
Anwender ein hohes Methodenverständnis erfordern, ohne Rechnerunterstützung nicht durchführbar sind und zudem sehr kritisch beurteilt werden.[223]

---

[219] Siehe Brauers/Weber (Szenarioanalyse), S. 638-644.

[220] Vgl. Götze (Szenario-Technik), S. 198.

[221] Vgl. Huss/Honton (Scenario), S. 26f.

[222] Siehe Götze (Szenario-Technik), S. 184f.

[223] Vgl. Meyer-Schönherr (Szenario-Technik), S. 61f.; siehe zur kritischen Beurteilung
       Kaluza/Ostendorf (Szenario-Technik), S. 34-41.

3.4.3 Verfahren zur Bündelauswahl

Aus der Menge aller möglichen Annahmenbündel müssen diejenigen bestimmt werden, die den späteren Szenarien als Grundlage dienen. Abhängig vom Einsatz bisheriger oder noch vorzustellender Verfahren, kann dieser Schritt unterschiedlich erfolgen. Die Auswahl kann wiederum rein intuitiv geschehen. Es können aber auch Ergebnisse bereits angewandter Verfahren zur Unterstützung herangezogen werden.[224] Ziel ist entweder eine Reduktion der Bündel für einen weiteren Schritt oder die Endauswahl der Bündel, die schließlich sogenannten Rohszenarien entsprechen.

Eine Möglichkeit ist die Anzahl der Bündel von vornherein gering zu halten, indem man sich im Vorfeld auf wenige Hauptunsicherheiten beschränkt und deren Ausprägungen konsistent kombiniert. Die verbleibenden Ausprägungen kritischer Faktoren werden dann intuitiv den Kombinationen zugeordnet. Schließlich sind jedem Gerüst noch die unkritischen Faktoren hinzuzufügen. Eine weitere Auswahl ist hier nicht erforderlich.[225]

Bei Berücksichtigung einer größeren Zahl von Faktoren erfolgt die Auswahl durch Reduktion der Anzahl aller möglichen Bündel.[226] Da die Szenarien anhand der Kriterien Konsistenz, Plausibilität, Unterschiedlichkeit und Stabilität beurteilt werden, ist es sinnvoll die Reduktion daran zu orientieren.[227] Die Anwendung der Kriterien wird von den Erstellern bestimmt und kann abhängig von den eingesetzten Verfahren variieren. So lassen sich die Kriterien einzeln, parallel oder hintereinander verwenden.

Eine vorausgegangene methodische Konsistenzanalyse erlaubt Bündel mit zu niedrigem Konsistenzwert auszuschließen, indem ein Mindestkonsistenzwert vorgegeben wird.[228] Alternativ kann eine vorher festgelegte An-

---

[224] Vgl. Beck (Corporate), S. 18.

[225] Vgl. zu diesem Absatz Porter (Wettbewerbsvorteile), S. 575 u. Schwartz (View), S. 230f.

[226] Vgl. Götze (Szenario-Technik), S. 93.

[227] Vgl. Geschka/Hammer (Szenario-Technik), S. 475; Mißler-Behr (Methoden), S. 117; Schoemaker (Scenario), S. 30.

[228] Vgl. Götze (Szenario-Technik), S. 156.

zahl von Bündeln nach abnehmendem Konsistenzwert ausgewählt werden.[229] Eine weitere Möglichkeit besteht darin, Bündel mit vielen teilweise inkonsistenten Paaren auszuschließen.[230]

Eine Reduktion aufgrund ihrer Plausibilität ist nur dann möglich, wenn den Bündeln Wahrscheinlichkeiten zugeordnet sind. Daher bietet sich dieses Vorgehen vor allem beim Einsatz einer Cross-Impact-Analyse an. Betrachtet werden dann im weiteren Verlauf nur die Bündel, die im Vergleich zu anderen höhere Wahrscheinlichkeiten aufweisen.[231]

Eine Reduktion aufgrund der Unterschiedlichkeit erfolgt durch die Auswahl von Repräsentanten. Dazu wird die Gesamtzahl der Bündel von einer vorzugebenden, gewünschten Anzahl ausgehend in Segmente unterteilt. Die zwei unterschiedlichsten Bündel jedes Segmentes werden als Repräsentanten ausgewählt und weiter berücksichtigt.[232]

Stabil ist ein Szenario bzw. ein Annahmenbündel, wenn eine Änderung einer Ausprägung dessen Konsistenz nicht erhöht.[233] Durch die Stabilität der Bündel wird sichergestellt, daß diese über einen längeren Zeitraum gültig sind.[234] Eine Stabilitätsanalyse, bei der die Auswirkungen von geringen Störungen in einzelnen Bündeln überprüft wird, kann ebenfalls zur Auswahl verwendet werden.[235]

3.4.4 Gruppierung von Bündeln zu Rohszenarien

Statt der Auswahl konkreter Bündel als Rohszenarien besteht die Möglichkeit ähnliche Bündel zu Gruppen zusammenzufassen. So fließen mehrere

---

[229] Vgl. Reibnitz (Optionen), S. 50; Gausemeier/Fink/Schlake (Szenario-Management), S. 265.

[230] Vgl. Gausemeier/Fink/Schlake (Szenario-Management), S. 265-267.

[231] Vgl. Götze (Szenario-Technik), S. 176.

[232] Siehe Gausemeier/Fink/Schlake (Szenario-Management), S. 267-269.

[233] Vgl. Mißler-Behr (Methoden), S. 15.

[234] Vgl. Reibnitz (Szenario-Technik), S. 52.

[235] Vgl. Reibnitz (Optionen), S. 234f.

Bündel mit ein, wodurch die Szenarienwahrscheinlichkeit steigt.[236] Damit verbunden ist allerdings ein Informationsverlust, da nicht mehr alle kritischen Faktoren eindeutig festgelegt sind.[237] BRAUERS/WEBER dagegen sehen darin einen Vorteil, indem bewußt eine Entwicklungsbreite zugelassen wird, um nicht eine Genauigkeit vorzutäuschen, die nicht geleistet werden kann.[238]

Ein analytisches Verfahren, das in der Literatur zur Gruppierung verwendet wird, ist die Clusteranalyse.[239] Mit deren Hilfe ist es möglich, heterogene Gruppen von Bündeln zu bilden, die in sich homogen sind.[240] Dazu sind grundsätzlich zwei Schritte nötig. Zuerst müssen sogenannte Distanzmaße bestimmt werden, die die Ähnlichkeit bzw. die Divergenz zweier Bündel zum Ausdruck bringen. Diese werden in eine Matrix übertragen, deren Zeilen und Spalten den Projektionsbündeln entsprechen. Die beiden ähnlichsten Bündel (niedrigstes Distanzmaß) werden dann zu einem neuen Bündel (= Cluster) zusammengefaßt und neue Distanzmaße für dieses Cluster bestimmt. Dann erfolgt wieder eine Zusammenfassung der ähnlichsten Bündel bzw. Cluster. Dieser Schritt wird solange wiederholt, bis nur ein Cluster übrigbleibt.[241] Graphisch dargestellt werden die einzelnen Gruppierungsschritte mit Hilfe eines sogenannten Dendogrammes (vgl. Abbildung 14).

---

[236] Vgl. Amara/Lipinski (Planning), S. 73.

[237] Vgl. Amara/Lipinski (Planning), S. 73.

[238] Vgl. Brauers/Weber (Szenarioanalyse), S. 644.

[239] Vgl. Gausemeier/Fink/Schlake (Szenario-Management), S. 273-285; Brauers/Weber (Szenarioanalyse), S. 644; Mißler-Behr (Methoden), S. 121-128; zur Clusteranalyse allgemein siehe Backhaus (Analyse), S. 260-316. Siehe zu alternativen graphischen Verfahren der Bündelgruppierung, auf deren Darstellung verzichtet wird Gausemeier/Fink/Schlake (Szenario-Management), S. 291-307.

[240] Vgl. Brauers/Weber (Szenarioanalyse), S. 644; Mißler-Behr (Methoden), S. 121.

[241] Vgl. Mißler-Behr (Methoden), S. 123.

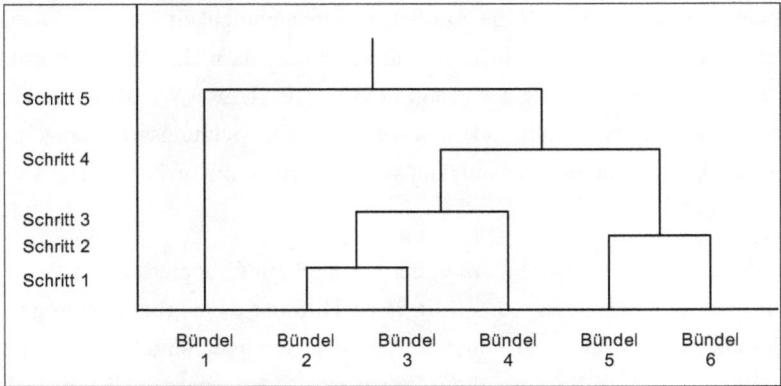

Abbildung 14: Dendogramm mit 5 Clusterungsschritten[242]

Ziel ist es nun, denjenigen Clusterungsschritt zu ermitteln, der Gruppen mit
einer hohen inneren Homogenität sowie einer hohen äußeren Heterogenität
erzeugt. Dabei handelt es sich um ein Optimierungsproblem, da die Homogenität mit zunehmender Bündelanzahl pro Gruppe abnimmt, während die
Heterogenität durch Verringerung der Gesamtgruppenanzahl zunimmt. Anhand eines zu bestimmenden Gütemaßes kann die Festlegung auf eine Par-
titionierung erfolgen. Gewählt wird die Partition, bei der eine weitere
Clusterung das Gütemaß sprunghaft steigen ließe (vgl. Abbildung 15).

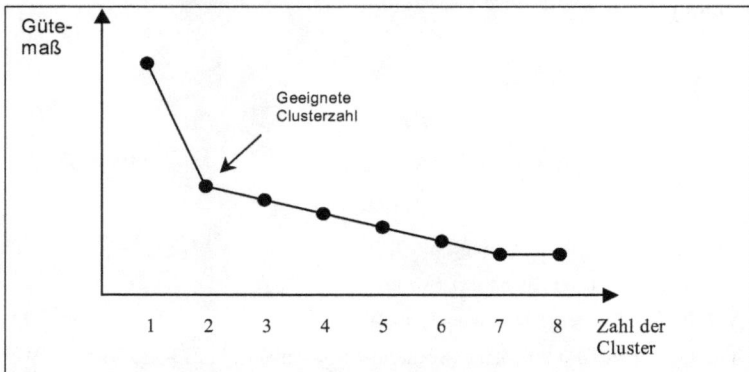

Abbildung 15: Screediagramm[243]

---

[242] Erstellt in Anlehnung an Backhaus (Analyse), S. 292.

[243] Erstellt in Anlehnung an Gausemeier/Fink/Schlake (Szenario-Management),
S. 285.

Über das zu verwendende Distanzmaß ist keine allgemeingültige Aussage möglich. In der Literatur wird einmal die Anzahl unterschiedlicher Ausprägungen zwischen zwei Bündeln gewählt.[244] In einem anderen Fall wird ein solches Maß aus der Anzahl der in beiden Bündeln vorkommenden und aus der Anzahl der unterschiedlichen Projektionen berechnet.[245]

Neben dem Distanzmaß ist die Berechnung der neuen Werte nach dem jeweiligen Gruppierungsschritt variierbar. Man unterscheidet drei mögliche Ansätze. Beim sogenannten Single-Linkage-Verfahren entspricht der neue Wert dem kleineren der beiden ursprünglichen Maße. Im Gegensatz dazu ist beim Complete-Linkage-Verfahren der höhere der beiden Werte relevant. Einen Mittelweg stellt das Average-Linkage-Verfahren dar, das den Durchschnittswert der beiden vorherigen übernimmt.[246] In Abhängigkeit des angewandten Verfahrens wird die Gruppenbildung sein. Während beim Single-Linkage meist eine große und viele kleine Gruppen entstehen, bilden sich beim Complete-Linkage mehrere kleinere Blöcke heraus. Das erste Verfahren eignet sich deshalb, um Ausreißer zu bestimmen, während das zweite zur Bildung gleichgewichtiger Gruppen herangezogen wird.[247]

Die durch Clusterung entstehenden Gruppen stellen die für den weiteren Prozeß zu bearbeitenden Rohszenarien dar. Da sie sich aus mehreren Bündeln zusammensetzen, müssen diese Gruppen analysiert und aufbereitet werden. Anhand der Häufigkeiten alternativer Faktor-Ausprägungen wird schließlich festgelegt, welche Faktoren innerhalb der Gruppe eindeutig ausgeprägt, und welche durch mehrere Ausprägungen zu berücksichtigen sind.[248] Nach dieser Beurteilung sämtlicher Ausprägungen ergibt sich für jede Gruppe eine Projektionsliste, die zu einem Szenario ausformuliert werden kann.

---

[244] Vgl. Mißler-Behr (Methoden), S. 122.

[245] Siehe Gausemeier/Fink/Schlake (Szenario-Management), S. 275; eine Übersicht über weitere, mögliche Distanzmaße findet sich bei Backhaus (Analyse), S. 266.

[246] Siehe Gausemeier/Fink/Schlake (Szenario-Management), S. 276.

[247] Vgl. Backhaus (Analyse), S. 290-292.

[248] Siehe Gausemeier/Fink/Schlake (Szenario-Management), S. 307-311.

3.4.5 Ausformulierung von Szenarien

Die vorliegenden Rohszenarien in Form von Projektionslisten müssen zu einheitlichen Zukunftsbildern ausgebaut werden. Da sie das Ergebnis des gesamten Prozesses und somit die Planungsgrundlage verkörpern, wird diesem Schritt eine wesentliche Bedeutung beigemessen.[249]

Zunächst werden die Rohszenarien, falls noch nicht geschehen, um die unkritischen oder abhängigen Faktoren ergänzt, wobei gegebenenfalls nochmals eine Konsistenzprüfung erfolgt.[250] Anschließend werden die einzelnen Zukunftsprojektionen interpretiert und durch eine verbale Ausformulierung zusammengefügt.[251] Darin werden die Zusammenhänge der einzelnen Projektionen vermittelt und es wird ein nachvollziehbares und schlüssiges Gesamtbild erstellt. Die Szenarien können zur Veranschaulichung als Geschichten aufgemacht sein, die Ereignisse, Personen und Orte enthalten.[252] Weiterhin besteht die Möglichkeit Schaubilder und Flußdiagramme zur Illustration einzubauen.[253] Die Ausgestaltung ist allerdings im Einzelnen vom Anwendungsfall und von den Anwendern abhängig.[254]

Besonders die Länge der Szenarien beeinflußt die Darstellungsmöglichkeiten. Der Umfang kann zwischen wenigen Absätzen und bis zu 50 Seiten pro Szenario liegen, wobei darauf zu achten ist, daß alle ungefähr die gleiche Dimension besitzen.[255] Je knapper die Szenarien ausformuliert sind, desto wahrscheinlicher ist ein Informationsverlust, da dahinterstehende Gedanken nicht vollständig dargelegt werden.[256] Dies gilt vor allem, wenn die Nutzer der Szenarien am Erstellungsprozeß selbst nicht beteiligt waren.

---

[249] Vgl. Knauer (Aussagefähigkeit), S. 15.

[250] Vgl. Linneman/Kennell (Approach), S. 146; Geschka/Hammer (Szenario-Technik), S. 475.

[251] Vgl. Geschka/Hammer (Szenario-Technik), S. 475; Götze (Szenario-Technik), S. 131.

[252] Vgl. Ringland (Scenario), S. 99.

[253] Vgl. Linneman/Klein (Scenarios), S. 73.

[254] Vgl. Huss/Honton (Scenario), S. 22; Meyer-Schönherr (Szenario-Technik), S. 64.

[255] Vgl. Linneman/Kennell (Approach), S. 146; Linneman/Klein (Scenarios), S. 73.

[256] Vgl. Kneschaurek (Szenarienanalysen), S. 321; Götze (Szenario-Technik), S. 137f.

Bei zu ausführlichen Beschreibungen besteht dagegen die Gefahr, daß diese aus Zeitmangel nur überflogen oder gar nicht gelesen werden.[257] Eine Entwicklung in Zeitschritten erlaubt das Zustandekommen nachvollziehbarer zu machen.[258]

Neben der Darstellungsform und -länge kommt der Benennung der Szenarien eine bedeutende Rolle zu.[259] Sie führt oft zu einer bestimmten Sichtweise der Zukunftsbilder unabhängig von deren Inhalt.[260] So kann eine Charakterisierung nach der Wahrscheinlichkeit bzw. Vorteilhaftigkeit der Szenarien dazu verleiten, diesen eine unterschiedliche Beachtung beizumessen.[261] Sie erlaubt aber im Gegenzug den Anwendern eine einfachere Einordnung im Rahmen ihrer Planung.[262] Thematische Bezeichnungen, die das Szenario mit wenigen Schlagworten charakterisieren, dienen als Zusammenfassung und erleichtern eine inhaltliche Zuordnung.[263]

3.4.6 Berücksichtigung von Störereignissen

Parallel zu den Szenarien können Störereignisse ermittelt werden. Störereignisse sind trendmäßig nicht zu erkennende Ereignisse, die mögliche Entwicklungen in eine andere Richtung lenken und einen entscheidenden Einfluß auf das Untersuchungsfeld haben können.[264] Sie werden daher auch als Diskontinuitäten oder Strukturbrüche bezeichnet, die sowohl in negativer als auch in positiver Form auftreten.[265] Die Ermittlung möglicher Störereignisse erfolgt durch Anwendung kreativer Techniken, da es sich um Einzelerscheinungen handelt, die nicht aus der Vergangenheit ableitbar

---

[257] Vgl. Gausemeier/Fink/Schlake (Szenario-Management), S. 317.

[258] Vgl. Geschka/Hammer (Szenario-Technik), S. 475.

[259] Vgl. Meyer-Schönherr (Szenario-Technik), S. 64; Schoemaker (Scenario), S. 29.

[260] Vgl. Linneman/Klein (Scenarios), S. 72.

[261] Vgl. Linneman/Kennell (Approach), S. 146; Kötzle (Identifikation), S. 270f.

[262] Vgl. Linneman/Klein (Scenarios), S. 72.

[263] Vgl. Schoemaker (Scenario), S. 29.

[264] Vgl. Müller (Szenarioplanung), S. 198; Geschka/Reibnitz (Zukunftsanalyse), S. 133.

[265] Vgl. Scherm (Szenario-Technik), S. 96; Tessun (Szenarien), S. 120.

sind.[266] Die entdeckten Störgrößen werden auf ihre Auswirkungen hin untersucht und bewertet, wobei auch eine Beurteilung nach der Eintrittswahrscheinlichkeit vorgenommen werden kann.[267] Hier erscheint aber nur eine vergleichende Beurteilung sinnvoll, da die Störgrößen i.d.R. als sehr unwahrscheinlich einzuschätzen sind.[268] VON REIBNITZ verzichtet deshalb bewußt darauf, den Störereignissen Wahrscheinlichkeiten zuzuordnen.[269]

Ausgehend von der Bewertung werden die bedeutendsten Diskontinuitäten näher beschrieben und definiert. Im Anschluß werden die erstellten Szenarien gegen die Störereignisse getestet und die Auswirkungen analysiert. Die Szenarien werden dadurch auf ihre Stabilität hin überprüft. Zudem können empfindliche Bereiche im Umfeld identifiziert werden, die in Zukunft besonders zu beachten sind.[270] Wird ein Szenario von einem Störereignis in starkem Maße beeinflußt, ist dieses unter Berücksichtigung der Störgröße umzuformulieren.[271] Ist eine Zuordnung zu einem bestimmten Zukunftsbild nicht möglich, werden die Strukturbrüche im Rahmen der Auswirkungsanalyse getrennt von den Szenarien auf ihre Auswirkungen auf das Untersuchungsfeld überprüft.[272]

---

[266] Vgl. Meyer-Schönherr (Szenario-Technik), S. 55; Scherm (Szenario-Technik), S. 96.

[267] Vgl. Reibnitz (Optionen), S. 55; Geschka/Winckler (Szenarien), S. 20.

[268] Vgl. Reibnitz (Szenario-Technik), S. 59.

[269] Vgl. Reibnitz (Szenario-Technik), S. 59.

[270] Vgl. Scherm (Szenario-Technik), S. 96.

[271] Vgl. Meyer-Schönherr (Szenario-Technik), S. 56.

[272] Vgl. Reibnitz (Szenarioplanung), Sp. 1991; Gausemeier/Fink/Schlake (Szenario-Management), S. 336.

4 Anwendung der Szenarien auf Strategien

Im Anschluß an die Erstellung erfolgt die Implementierung der Szenarien in die Geschäftsfeldplanung. Ausgehend von einer Analyse der Auswirkungen auf das Untersuchungsfeld wird die bestehende Strategie bezüglich der Positionierung einzelner SGFs überprüft und neue Strategien entwickelt. Hierzu können die erstellten Szenarien auf unterschiedliche Weise eingesetzt werden. Nach Darstellung der Auswirkungsanalyse werden daher im folgenden grundsätzliche Möglichkeiten der Einbeziehung in den Strategieentwicklungsprozeß vorgestellt und hinsichtlich bestimmter Charakteristika eingeordnet. Abschließend wird auf Kriterien eingegangen, die die Strategieauswahl mitbestimmen.

4.1 Analyse der Auswirkungen für das Untersuchungsfeld

Um Szenarien im strategischen Planungsprozeß nutzen zu können, müssen zunächst die Auswirkungen der Szenarien sowie der Störereignisse für das Untersuchungsfeld analysiert werden. Für die Geschäftsfeldplanung bedeutet dies, daß die im Rahmen der Untersuchung relevanten SGFs anhand der Szenarien auf ihre zukünftigen Marktchancen bzw. -risiken wie auch ihre möglichen Wettbewerbspositionen hin beurteilt werden. Dabei kann auch die Bedeutung einzelner Einflußfaktoren für die zukünftige Entfaltung der SGFs erkannt werden. Die Auswirkungsanalyse stellt somit das Bindeglied zwischen Szenario-Erstellung und Strategieentwicklung / -überprüfung dar.[273] Die Ermittlung von Chancen und Risiken erfolgt auf Basis der bestimmten gegenwärtigen Stärken und Schwächen der SGFs.[274] Es werden zwei grundsätzliche Vorgehensweisen unterschieden: Die intuitive, ganzheitliche Auswertung im Gegensatz zur strukturierten Analyse.[275]

---

[273] Vgl. Götze (Planung), S. 106.

[274] Vgl. Kreikebaum (Strategische), S. 136.

[275] Vgl. Geschka/Winckler (Szenarien), S. 21.

Bei der intuitiven Auswertung werden die Szenarien als ausformulierte, einheitliche Zukunftsbilder betrachtet. Die auswertenden Personen versetzen sich und ihr Unternehmen in diese Zukunftsbilder und versuchen dadurch Auswirkungen abzuleiten. Vorteil dieses Ansatzes ist eine ganzheitliche Sicht der Zukunft. Es wird ein Gesamtbild in seiner Struktur berücksichtigt, die Zusammenhänge werden erkannt und einbezogen. Allerdings ist ein Szenario in seiner Gesamtheit sehr komplex, so daß einzelne Entwicklungen und damit mögliche Chancen und / oder Risiken übersehen werden könnten.

Im Gegensatz dazu werden deshalb bei strukturierter Vorgehensweise die Szenarien in ihre Einzelausprägungen zerlegt.[276] Den Ausprägungen werden in Form von Matrizen kennzeichnende Funktionsbereiche der SGFs gegenübergestellt und die Auswirkungen eingeschätzt.[277] Mit Hilfe einer zusätzlichen Einflußmatrix können durch Beurteilung des Einflusses auf die Bereiche Haupteinflußfaktoren isoliert werden, die einer permanenten Beobachtung bedürfen.[278] Ferner lassen sich die Bereiche erkennen, die am stärksten beeinflußt werden und besonders stark von zukünftigen Ereignissen abhängen.

Um die Vorteile beider Ansätze nutzen zu können, empfiehlt es sich, diese simultan einzusetzen.

Zu einer weiteren Untersuchung der Auswirkungen kann auf die zuvor vorgestellten Analyse-Methoden zurückgegriffen werden.[279] Für eine Lükkenanalyse werden die zu prognostizierenden Größen szenariospezifisch ermittelt und so für jedes Zukunftsbild individuelle Lücken lokalisiert.[280] Eine Abschätzung der Entwicklung der Konkurrenz bei unterschiedlichen Verläufen ermöglicht eine zukünftige Stärken- und Schwächenanalyse der

---

[276] Vgl. Geschka/Hammer (Szenario-Technik), S. 477.

[277] Vgl. Götze (Planung), S. 106f.

[278] Vgl. Hammer/Reibnitz (Strategische), S. 4/469; Meyer-Schönherr (Szenario-Technik), S. 54; Becker/List (Zukunft), S. 46.

[279] Siehe Kap. 2.5.1.

[280] Vgl. Götze (Szenario-Technik), S. 273.

SGFs für jedes Szenario.[281] Daran anschließend werden die SGFs im Rahmen von Portfolio-Analysen hinsichtlich ihrer zukünftigen Marktchancen sowie ihrer Wettbewerbspositionen in Abhängigkeit des Szenarios bewertet und schließlich zu Ziel-Portfolios zusammengefaßt.[282]

Die sich schließlich ergebenden Chancen und Risiken werden i.d.R. verbal durch Tendenzangaben beschrieben, können aber auch quantitativ u.a. in Form von Wachstumsraten oder Umsatzzahlen angegeben werden. Deutlich werden sollte vor allem auf welchen Zeitraum sie sich beziehen.[283] Je länger dabei der Betrachtungszeitraum gewählt wird, desto schwieriger ist eine Quantifizierung. Die Ergebnisse der Auswertungen pro Szenario lassen sich schließlich, um einen Vergleich zwischen den Szenarien zu ermöglichen, in einer Übersicht zusammenfassen (vgl. Abbildung 16).

SGF - Bereiche	Szenario I	Szenario II
Beschaffungsmärkte		
F & E	Auswirkungen, Chancen und Risiken	
Fertigung		
Marketing		
Service		

Abbildung 16: Auswirkungsübersicht[284]

---

[281] Vgl. Götze (Planung), S. 113.

[282] Vgl. Reibnitz (Szenario-Technik), S. 70.

[283] Vgl. Reibnitz (Szenarioplanung), Sp. 1991.

[284] Erstellt in Anlehnung an Gausemeier/Fink/Schlake (Szenario-Management), S. 330.

4.2 Testen der bestehenden Strategie anhand der Szenarien

Eine andere Form der Auswirkungsanalyse ist die Überprüfung der bestehenden Strategie auf ihre Eignung bei alternativen Entwicklungen.[285] Dabei wird die Strategie durch Gegenüberstellung mit den einzelnen Szenarien beurteilt, wie günstig oder ungünstig sie jeweils unter den gegebenen Bedingungen erscheint.[286] Die Auswertung erfolgt vorwiegend intuitiv, kann aber auch durch Entscheidungsmodelle unterstützt werden.

Zunächst wird die eingeschlagene Strategie, bzw. einzelne Strategieelemente, mit Schlüsselfaktorausprägungen der Szenarien in Form einer Matrix konfrontiert.[287] Unter Bezug auf die Ergebnisse der Auswirkungsanalyse wird man sich gegebenenfalls auf die einflußstärksten Faktoren beschränken, die zusätzlich noch untereinander gewichtet werden können.[288] Anschließend erfolgt die Beurteilung der Strategie durch eine Einschätzung ihrer Bedeutung und Vorteilhaftigkeit unter den jeweiligen Bedingungen.[289] Je nach Ausgestaltung werden verbale Statements und / oder Bewertungsskalen dazu verwendet.[290] Letztere erlauben durch Verdichtung der Bewertungen, eventuell unter Berücksichtigung einer Gewichtung, zu einem Wert pro Strategie/ Szenario-Paar einen einfachen Vergleich der einzelnen Strategiebestandteile. Durch verbale Formulierung kann im Gegensatz dazu detaillierter auf Stärken und Schwachstellen eingegangen werden.[291] Im Rahmen von Entscheidungsmodellen wird für die Strategie eine Zielgröße, z.B. der Gewinnerwartungswert, unter den jeweiligen Szenariobedingungen ermittelt, die eine Aussage über deren Vorteilhaftigkeit erlaubt.[292] Aus den

---

[285] Vgl. Geschka/Winckler (Szenarien), S. 22.

[286] Vgl. Gomez/Escher (Szenarien), S. 420.

[287] Vgl. Geschka/Reibnitz (Zukunftsanalyse), S. 168; Ringland (Scenario), S. 114.

[288] Vgl. Geschka/Hammer (Szenario-Technik), S. 483; Reibnitz (Optionen), S. 164.

[289] Vgl. Ringland (Scenario), S. 114.

[290] Vgl. Ilsemann (Zukunft), S. 120; Geschka/Hammer (Szenario-Technik), S. 483.

[291] Vgl. Reibnitz (Optionen), S. 165; Kötzle (Identifikation), S. 276.

[292] Vgl. Götze (Szenario-Technik), S. 278.

Einzelbeurteilungen wird schließlich eine Gesamtbewertung der Strategie vorgenommen, die aufzeigen soll, wie stark deren langfristiger Erfolg vom Eintritt bestimmter Ereignisse abhängt und wo zusätzlicher Handlungsbedarf besteht.

4.3 Strategieansätze zur Auswahl

Ausgehend von der Auswirkungsanalyse und der Bewertung der bestehenden Strategie werden die Szenarien als Grundlage genutzt, um mögliche alternative Strategien für die Geschäftsfeldplanung zu entwerfen und eine davon auszuwählen. Erschwert wird dies durch mehrere mögliche Zukünfte, die zu beachten sind und jeweils eine unterschiedliche Strategie erfordern. Deshalb werden im folgenden grundsätzliche Ansätze zur Handhabung dieses Problems vorgestellt (vgl. Abbildung 17). Diese sind allerdings nicht isoliert voneinander zu sehen, sondern sind zum Teil auch kombiniert anwendbar.[293]

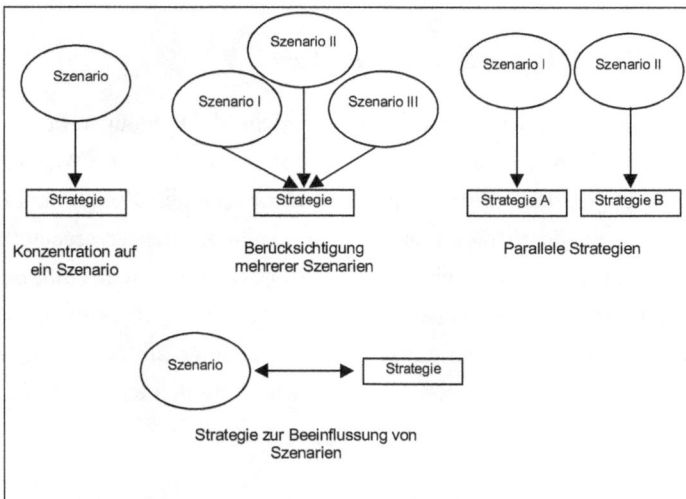

Abbildung 17: Ansätze, Szenarien zur Strategiefindung heranzuziehen[294]

---

[293] Vgl. Porter (Wettbewerbsvorteile), S. 591.

[294] Eigene Darstellung.

4.3.1 Konzentration auf ein Szenario

Bei diesem Ansatz wird prinzipiell nur ein Szenario zur Entwicklung einer Strategie herangezogen. Als Entscheidungshilfe bei Vorliegen mehrerer, konkurrierender Strategiealternativen können dann die weiteren Szenarien zur Bewertung genutzt und die Folgen der Alternativen unter verschiedenen Bedingungen abgeschätzt werden.[295] Der Planung wird durch die frühe Festlegung auf *eine* denkbare Zukunft eine Scheinsicherheit verschafft, indem nur ein eindeutiger Verlauf berücksichtigt wird.[296] Die Strategie kann optimal auf diese Zukunft abgestimmt und umgesetzt werden, ohne weitere Entwicklungen abzuwarten. Sie ist statt dessen im Zeitablauf nur schwer modifizierbar.[297] Dies entspricht daher dem herkömmlichen Planungsprozeß unter Sicherheit. Allerdings mit dem Unterschied, daß der Planung ein konsistentes Bild der Zukunft zugrunde liegt, „das »in Konkurrenz« zu anderen Entwicklungsmöglichkeiten entstanden ist."[298] Dabei bestehen folgende Möglichkeiten das Szenario auszuwählen, von dem schließlich auszugehen ist.

4.3.1.1 Möglichkeiten der Szenario-Wahl

Bei Orientierung an der Wahrscheinlichkeit wird die Planung auf das wahrscheinlichste Szenario ausgerichtet. Falls den Szenarien keine Wahrscheinlichkeiten zugeordnet sind, entspricht dies demjenigen Zukunftsbild, das von den Entscheidungsträgern bzw. Planern am plausibelsten erachtet wird. In jedem Fall beruht die Wahl auf einer subjektiven Einschätzung der Ersteller bzw. der Entscheidungsträger und spiegelt deren Erwartungen wider. Damit ist die Akzeptanz als Entscheidungsgrundlage am höchsten. Durch die Ausrichtung am plausibelsten Verlauf wird lediglich eine „fundiertere",

---

[295] Vgl. Hamilton (Scenarios), S. 83; zur Bewertung siehe Kap. 4.2.

[296] Vgl. Voigt (Unsicherheit), S. 485.

[297] Vgl. Porter (Wettbewerbsvorteile), S. 592.

[298] Fink/Schlake/Siebe (Szenario-Management), S. 48.

d.h. in sich konsistente Fortschreibung des Ist-Zustandes zugrunde gelegt, die sich allerdings gegenüber anderen Entwicklungen durchgesetzt hat.[299]

Aufgrund der Ergebnisse der Auswirkungsanalyse wird eine Strategie entwickelt, die ausschließlich *die* Chancen und Stärken ausbaut bzw. *den* Gefahren und Schwächen entgegenwirkt, die sich aus dem wahrscheinlichsten Szenario ergeben. Die Strategie wird dadurch auf die erwartete Zukunft optimal angepaßt, jedoch mit dem Risiko, daß diese so nicht eintritt. Die Festlegung auf dieses Szenario hängt daher davon ab, wie hoch die geschätzte Wahrscheinlichkeit absolut und im Vergleich zu anderen ist.[300] Ferner wird bei der Wahl zu berücksichtigen sein, wie gut die unternehmensspezifische Ausgangsposition zu diesem Zukunftsbild paßt und wie nachteilig die Folgen der Strategie unter anderen Bedingungen sind.[301]

Bei der Orientierung am günstigsten Szenario wird die Strategie an das Zukunftsbild angepaßt, das für die Unternehmung bei gegebener Ausgangssituation und bestehenden Ressourcen die besten Erfolgsaussichten verspricht.[302] Zweck ist die Wahrnehmung dieser Erfolgschancen durch ausschließliche und damit bestmögliche Ausrichtung der Strategie auf dieses Szenario hin.[303] Eine derartige Orientierung der Planung birgt somit die größten Erfolgspotentiale, falls die Entwicklung so eintritt. Es beinhaltet aber in stärkerem Maße als bei Wahl des wahrscheinlichsten Szenario das Risiko eines ungünstigeren Verlaufes, auf den das Unternehmen dann nicht vorbereitet ist. Diesen Ansatz wählen deshalb nur sehr risikofreudige Entscheidungsträger.

Genau gegensätzlich ist die Orientierung an dem zukünftig ungünstigsten Fortgang mit den größten Risiken und Gefahren für das Unternehmen. Das Augenmerk wird deshalb bei der Auswirkungsanalyse sowie zur Beurteilung der bisherigen Strategie auf die Identifikation von aktuellen und zu-

[299] Vgl. Fink/Schlake/Siebe (Szenario-Management), S. 48.
[300] Vgl. Porter (Wettbewerbsvorteile), S. 592.
[301] Vgl. Porter (Wettbewerbsvorteile), S. 592.
[302] Vgl. Porter (Wettbewerbsvorteile), S. 592.
[303] Vgl. Götze (Planung), S. 109.

künftigen Schwächen gerichtet sein, die es zu reduzieren gilt. Bei der Strategieentwicklung nach diesem Ansatz steht die Risikominimierung im Vordergrund.[304] Mögliche Chancen und Erfolgspotentiale, die sich aus weniger risikobehafteten Zukunftsbildern ergeben, werden jedoch vernachlässigt. Sie können deshalb kaum wahrgenommen werden, sollten sie sich ergeben. Anwendung findet dieser Ansatz vor allem bei risikoaversen Entscheidungsträgern. Langfristig jedoch ist eine derartige, ausschließliche Ausrichtung kaum erfolgreich, da Erfolg nur mit einer gewissen unternehmerischen Risikobereitschaft zu erreichen ist.

4.3.1.2 Kritische Diskussion

Die Konzentration auf eine Zukunft erlaubt die Strategie optimal und ohne Verzögerung auf ein Szenario anzupassen. Dadurch ergeben sich bei Eintritt dieses Zustandes die besten Erfolgsaussichten. Diese werden allerdings durch das Risiko erkauft, daß die Entwicklung einen Verlauf nehmen könnte, auf den die Strategie nicht ausgelegt ist.[305] Dieses Risiko ist umso größer, je stärker eine ausschließliche Orientierung an den Chancen bzw. Gefahren erfolgt, ohne dabei die Wahrscheinlichkeit des Eintritts dieser Szenarien zu berücksichtigen.[306] So zeigen i.d.R. extremere Szenarien einerseits größere Chancen bzw. größere Risiken, treten andererseits jedoch nur mit einer geringeren Wahrscheinlichkeit ein. Eine ausschließliche Konzentration auf ein Szenario ist daher als riskant einzustufen.[307] Um dieses Risiko einzuschätzen, wird die Strategie unter den anderen Szenarien bewertet und gegebenenfalls so modifiziert, daß sie diesen Entwicklungen gegenüber weniger anfällig ist.[308] Eine weitere Möglichkeit sich abzusichern, ist die Identifikation und Beobachtung von Einflußfaktoren, die auf-

---

[304] Vgl. Götze (Planung), S. 109.

[305] Vgl. Ruhland (Quantitative), S. 4.

[306] Vgl. Götze (Planung), S. 110.

[307] Vgl. Götze (Planung), S. 110.

[308] Vgl. Geschka/Winckler (Szenarien), S. 22.

grund ihrer Indikatorwirkung eine möglichst frühe Einschätzung darüber erlauben, welches Szenario Realität wird.[309]

4.3.2 Strategieansätze unter Berücksichtigung mehrerer Szenarien

Im Gegensatz zur Konzentration auf ein Szenario werden bei den folgenden Ansätzen mehrere Szenarien zur Strategieentwicklung und -auswahl in Betracht gezogen. Durch die Ausrichtung der Strategie auf verschiedene Zukünfte wird das Risiko von einem Verlauf völlig überrascht zu werden, verringert. Dies geschieht jedoch zu Lasten von Erfolgspotentialen, da lediglich ein Szenario Realität werden kann.

Zunächst werden, wiederum ausgehend von der Auswirkungsanalyse, szenariospezifische Strategien bestimmt und auf Gemeinsamkeiten hin untersucht.[310] Aus diesen ist nun entweder eine auszuwählen, die den alternativen Entwicklungen am besten gerecht wird, oder es ist eine Kompromißstrategie durch Kombination einzelner Strategieelemente zu entwerfen.[311] Da der Entwurf von szenariospezifischen Strategien recht aufwendig sein kann, besteht alternativ die Möglichkeit letztere direkt aus der Auswirkungsanalyse abzuleiten. Im weiteren werden vier Ansätze unterschieden, um eine endgültige Strategie auf dieser Grundlage zu bestimmen.

4.3.2.1 *Strategieauswahl unter Anwendung von Entscheidungsregeln*

Durch die Anwendung von Entscheidungsregeln soll aus bereits konzipierten Strategien diejenige ermittelt werden, die bei Betrachtung sämtlicher Szenarien am günstigsten erscheint. Die Verwendung von Entscheidungsregeln baut direkt auf einer Bewertung der Strategieentwürfe bei verschiedenen Entwicklungen auf. Die Strategien werden in einer Matrix den Szenarien gegenübergestellt und für jedes Szenario/ Strategie-Paar eine

---

[309] Vgl. Reibnitz (Optionen), S. 167.

[310] Vgl. Geschka/Hammer (Szenario-Technik), S. 481; Götze (Szenario-Technik), S. 275.

[311] Vgl. Linneman/Kennell (Approach), S. 149.

Zielgröße (z.B. Gewinnerwartungswert oder Endvermögen) bestimmt, die eine Aussage über die jeweiligen Erfolgschancen ermöglicht.[312]

Liegen den Szenarien Wahrscheinlichkeiten zugrunde, ist eine Entscheidung unter Risiko zu fällen. Es wird für jede Strategie der Erwartungswert der Zielgröße berechnet und diejenige mit dem höchsten Wert umgesetzt. Die Entscheidung nach dem Erwartungswert geht von Risikoneutralität aus. Um die Risikoneigung der Entscheidungsträger dennoch miteinbeziehen, kann zusätzlich zum Erwartungswert noch ein sogenanntes Risikomaß[313] berücksichtigt werden. Als Beispiel für ein Risikomaß sei hier die Streuung genannt, die angibt, wie stark mögliche Ergebnisse um den Erwartungswert schwanken. Risikofreudige Führungskräfte werden stärkere Schwankungen (größere Chancen, aber auch größere Risiken) zugunsten eines höheren Erwartungswertes in Kauf nehmen, im Gegensatz zu Risikoaversen, die eine geringere Streuung präferieren.[314]

Bei einer Entscheidung unter Unsicherheit, d.h. den Szenarien liegen keine Wahrscheinlichkeiten zugrunde, bestimmt sich die umzusetzende optimale Strategie nach der angewandten Entscheidungsregel. Nach der Laplace-Regel wird jedes Szenario als gleich wahrscheinlich angesehen, so daß die Entscheidung wie unter Risiko getroffen wird. Bei Anwendung der Maximin-Regel wird indes die Strategie gewählt, die beim für sie ungünstigsten Szenario die höchste Zielgröße aufweist. Hingegen wird nach der Maximax-Regel diejenige Strategie durchgeführt, die im günstigsten Fall das beste Ergebnis liefert. Sie wird der Strategie bei ausschließlicher Orientierung am günstigsten Szenario entsprechen.

Bei der Hurwicz-Regel werden beide zuvor genannten Kriterien kombiniert. Das beste Ergebnis einer Strategie wird mit einem „Optimismusfaktor" und das ungünstigste mit einem „Pessimismusfaktor" multipliziert.

---

[312] Vgl. Schoemaker (Use), S. 559; Voigt (Unsicherheit), S. 515; Voigt (Unternehmensplanung), S. 221.

[313] Zum Begriff des Risikomaßes und zu weiteren Beispielen siehe Eisenführ (Planungshilfen), Sp. 401.

[314] Siehe dazu ausführlich Gausemeier/Fink/Schlake (Szenario-Management), S. 355.

Beide Werte werden schließlich addiert. Optimismus- und Pessimismus-faktor ergänzen sich dabei zu eins und sollen die Risikoeinstellung der Ent-scheidungsträger wiedergeben. Als letzte sei noch die Savage-Niehans-Regel erwähnt, bei der dem bei gegebenem Umweltzustand besten Ergeb-nis die suboptimalen Ergebnisse der anderen Strategien unter demselben Umweltzustand gegenübergestellt werden und der jeweilige Nachteil in Form der Differenz bestimmt wird. Durchgeführt wird schließlich diejenige Strategie, bei der der maximale Nachteil am geringsten ist.

Die Anwendung von Entscheidungsregeln erfordert also stets die Angabe einer quantitativen Zielgröße. Je längerfristiger dabei der Entscheidungsho-rizont gewählt wird, desto schwieriger ist es, diese Größe zu quantifizieren. Zudem stellt sie eine recht einseitige Beurteilung dar. Deshalb wird statt dessen häufig ein sog. Nutzenindex bestimmt, der durch Verdichtung meh-rerer Größen zu einer angibt, in welchem Maße die Strategie zur Errei-chung der Ziele unter dem jeweiligen Szenario beiträgt.[315]

4.3.2.2 Strategie der Absicherung gegen Verluste

Während die Anwendung von Entscheidungsregeln lediglich eine Auswahl ermöglicht, steht bei diesem Ansatz die Entwicklung einer Strategie durch Kombination von einzelnen Strategieelementen im Vordergrund.

Ausgangspunkt dieser Strategie sind die Schwachstellen und Gefahren, die sich für die Unternehmung aus allen Szenarien ergeben. Die Strategie, die letztendlich durchgeführt werden soll, wird bei diesem Ansatz dasjenige Portfolio beinhalten, das den Großteil dieser Risiken vermeidet und damit das Unternehmen gegen mögliche Verluste absichert. Sie soll gewährlei-sten, daß im Rahmen aller möglichen Szenarien befriedigende Ergebnisse erzielt werden können.[316]

---

[315] Siehe zu diesen beiden Absätzen Gausemeier/Fink/Schlake (Szenario-Manage-ment), S. 353.

[316] Vgl. Porter (Wettbewerbsvorteile), S. 592.

Eine Möglichkeit dies zu erreichen besteht darin, lediglich solche SGFs beizubehalten bzw. neu aufzubauen, die unter allen in Betracht zu ziehenden Szenarien positiv einzuschätzen sind und den Ausstieg aus allen anderen zu vollziehen. Dabei kann es vorkommen, daß sich derartige SGFs nur in geringem Umfang bzw. überhaupt nicht identifizieren lassen. Eine Alternative ist deshalb, die zu bearbeitenden SGFs so zu wählen, daß Risiken und Verluste mit positiven Ergebnissen anderer SGFs bei sämtlichen Szenarien ausgeglichen werden.[317] Dies entspricht einer Diversifikation in SGFs, die nicht vollständig positiv zueinander korreliert sind und daher bei unterschiedlichen Entwicklungen keine gleichgerichteten Ergebnisse erzielen.[318] Je gleichmäßiger dabei die Kapitalverteilung unter den SGFs erfolgt, desto stärker ist der Effekt des Verlust- bzw. des Risikoausgleiches.[319] Zudem beugt eine Diversifikation dem Risiko vor, das sich aus einer starken, einseitigen Abhängigkeit von einer Kundengruppe, einem Rohstoff, einer Technologie usw. ergibt.[320] Eine weitere Möglichkeit sich gegen Verluste abzusichern, ergibt sich durch Kooperationen mit anderen Unternehmen, die einen Teil des Risikos übernehmen.

Durch die Absicherung gegen Verluste wird eine Strategie gewählt, die bei keinem tatsächlichen Verlauf optimal ist.[321] Die Konsequenz ist, daß der Erfolg bei Eintritt eines Szenarios geringer ausfällt im Vergleich zur für diese Zukunft günstigsten Strategie, dafür aber die Risiken verringert werden.[322] Je stärker die Absicherung vorgenommen wird, desto höher sind die Gewinneinbußen einzuschätzen. Daher scheint es zweckmäßig, eine sogenannte Risikogrenze zu bestimmen, die angibt, welche Verlustgefahr maximal in Kauf genommen wird.[323] Daraus läßt sich dann der Absiche-

---

[317] Vgl. Hoffmann (Szenarien), S. 562.
[318] Vgl. Jacob (Aufgaben), S. 76.
[319] Vgl. Jacob (Aufgaben), S. 79.
[320] Vgl. Taylor (Planning), S. 105.
[321] Vgl. Götze (Planung), S. 110.
[322] Vgl. Porter (Wettbewerbsvorteile), S. 592.
[323] Vgl. Voigt (Unternehmensplanung), S. 220.

rungsbedarf ableiten. Die Angabe dieser Risikogrenze erfordert allerdings wiederum quantitative Angaben über die möglichen Verluste.

4.3.2.3 Robuste Strategie

Der Begriff der robusten Strategie wird in der Literatur vielfältig verwandt. Eine Strategie wird zum einen als robust bezeichnet, wenn sie auf mehreren Szenarien aufbaut und bei jedem Umweltzustand befriedigende Ergebnisse erbringt.[324] Weiterhin wird die Robustheit als Unempfindlichkeit gegenüber unterschiedlichen Entwicklungen und Störungen definiert, die dadurch gekennzeichnet ist, das die Strategie bei verschiedenen Szenarien immer günstig ist.[325] Ausgehend von diesen Definitionen, die weitestgehend deckungsgleich sind, sind auch die verlustabsichernde oder die noch darzustellende flexible Strategie als robuste Maßnahmen anzusehen.[326] In dieser Arbeit soll der Begriff der robusten Strategie zur Abgrenzung enger gefaßt werden.

Eine robuste Strategie zeichnet sich hier dadurch aus, daß sie im Gegensatz zu bisher vorgestellten Strategieansätzen erst im Zeitablauf an die verschiedenen Szenarien angepaßt wird und sich zunächst auf robuste erste Schritte beschränkt.[327] Robuste erste Schritte sind Strategieelemente, die sofort umgesetzt werden und sich später in allen Szenarien zu einer vorteilhaften Strategie ausbauen lassen.[328] Voraussetzung ist daher, daß Entscheidungen, die zur vollständigen Umsetzung der Strategie nötig sind, zu verschiedenen Zeitpunkten getroffen werden können.

Mögliche erste Schritte werden durch Analyse der generierten optimalen Strategien auf gemeinsame Elemente hin ermittelt.[329] Die gefundene

---

[324] Vgl. Angermeyer-Naumann (Szenarien), S. 390; Taylor (Planning), S. 105; Geschka/Hammer (Szenario-Technik), S. 483; Hanssmann (Planung), Sp. 1758f.; Gausemeier/Fink/Schlake (Szenario-Management), S. 350.

[325] Vgl. Hoffmann (Szenarien), S. 563.

[326] Vgl. Porter (Wettbewerbsvorteile), S. 592f.

[327] Vgl. Steinmann/Schreyögg (Management), S. 270.

[328] Vgl. Ruhland (Quantitative), S. 10; Hanssmann (Planung), Sp. 1759.

[329] Vgl. Ruhland (Quantitative), S. 10; Hanssmann (Planung), Sp. 1762.

Durchschnittsmenge, der sogenannte robuste Kern[330], stellt diejenigen Komponenten dar, die realisierbar sind, ohne sich zukünftige Handlungsoptionen zu vernichten.[331] Weitere Schritte bzw. Entscheidungen werden zunächst zurückgestellt und sind, sobald sie notwendig werden, unter Berücksichtigung der bis dahin eingetretenen Entwicklung erneut zu beurteilen.[332] Eine robuste Strategie zielt demnach darauf ab, riskante Investitionen so lange wie möglich hinauszuzögern, um weitere Informationen zu gewinnen.[333] Die zeitliche Länge der Zurückstellung bestimmt sich dabei aus der Umsetzungsdauer der Maßnahmen sowie aus der Gewinnung von zusätzlichen Informationen im Zeitablauf.[334]

Als robuste Strategie im Rahmen der Geschäftsfeldplanung sind Stabilisierungsstrategien für SGFs denkbar, die bei Unsicherheit über deren zukünftige Entwicklung zunächst die bisherige Stellung beibehalten, um später je nach Verlauf Mittel abschöpfen oder das SGF ausbauen zu können.[335] Bieten verschiedene Szenarien für ein SGF unterschiedlich ausgeprägte Marktchancen, kann ein robuster erster Schritt die Ausnutzung der kleinsten gemeinsamen Chance sein, verbunden mit der Option die Bemühungen bei Bedarf zu steigern. Ein weiteres Beispiel für einen robusten Strategiebestandteil ist die Investition in eine gemeinsame Basistechnologie, die später für verschiedene Produkte oder Märkte einsetzbar ist.[336]

Eine robuste Strategie erlaubt durch Verlagerung von Entscheidungen den Fortgang abzuwarten, um so eine dazu passende Strategie umzusetzen. Der Informationszugewinn ist allerdings durch niedrigere Erfolgspotentiale als bei sofortiger Umsetzung zu bezahlen. Ferner werden den Konkurrenten potentielle Wettbewerbsvorteile eingeräumt, falls diese sich früher festle-

---

[330] Vgl. Hanssmann (Planung), Sp. 1762.
[331] Vgl. Steinmann/Schreyögg (Management), S. 270.
[332] Vgl. Steinmann/Schreyögg (Management), S. 270.
[333] Vgl. Linneman/Kennell (Approach), S. 149; Hanssmann (Planung), Sp. 1763.
[334] Vgl. Götze (Planung), S. 110f.
[335] Vgl. Bea/Haas (Management), S. 164f.
[336] Vgl. Raub (Zauber), S. 292.

gen und als Erste einen Markt bedienen. Jedoch wird eine vollständig robuste Planung i.d.R. nicht durchführbar sein, da der robuste Kern, auch aufgrund der Unterschiedlichkeit der Szenarien, meist zu wenige bzw. gar keine gemeinsamen Elemente aufweist, die den Realisationsanforderungen gerecht werden.[337]

4.3.2.4 Flexible Strategie

Eine Strategie ist als flexibel zu bezeichnen, wenn sie sich unterschiedlichen Verläufen relativ einfach anpassen läßt.[338]

Sie wird durch sofort umzusetzende Maßnahmen, die entsprechend der Entwicklung variierbar sind und durch bewußtes Hinauszögern von inflexiblen Entscheidungen anpassungsfähig gestaltet.[339] Die Flexibilität einer Strategie wird daher sowohl durch die Möglichkeiten, sich an veränderte Bedingungen anzugleichen, als auch durch ihre zukünftige Entwicklungsfähigkeit bestimmt. Letztere wird gewährleistet durch Eingehen möglichst geringer Bindungen, die zudem verhältnismäßig leicht zu lösen sind.[340] Der Unterschied zur robusten Strategie besteht vor allem darin, daß bei einer flexiblen Strategie i.d.R. eine aktive Anpassung erfolgen muß.[341]

Die flexible Strategie baut ebenfalls wie die robuste Strategie zunächst auf gemeinsamen Chancen und Risiken des Unternehmens bzw. der SGFs bei alternativen Szenarien auf und enthält Maßnahmen, die diese wahrnehmen bzw. vermeiden.[342] Zusätzlich werden Strategieelemente aus den optimalen Strategien übernommen, die zwar nicht in jeder denkbaren Zukunft geeignet sind, sich aber bei Bedarf relativ leicht angleichen lassen, indem sie entweder variabel umgeändert (erste Möglichkeit) oder vergleichsweise

---

[337] Vgl. Ruhland (Quantitative), S. 10; Geschka/Winckler (Szenarien), S. 22.

[338] Vgl. Jacob (Aufgaben), S. 69.

[339] Vgl. Jacob (Flexibilität), S. 16; Steinmann/Schreyögg (Management), S. 270.

[340] Vgl. Jacob (Flexibilität), S. 18.

[341] Vgl. Voigt (Unternehmensplanung), S. 237.

[342] Vgl. Geschka/Hammer (Szenario-Technik), S. 481.

einfach rückgängig gemacht werden können (zweite Möglichkeit).[343] So wird die Strategie stärker als bei robusten Maßnahmen auf mehrere Szenarien zugeschnitten. Maßnahmen bzw. Entscheidungen, die Ressourcen binden und nur schwer zu revidieren sind, werden zunächst zurückgestellt. Dadurch lassen sich als Nebeneffekt zusätzliche Reserven schaffen, die ebenfalls die Flexibilität erhöhen.[344] Sobald ersichtlich wird, welche Zukunft eintritt, kann schließlich eine definitive Festlegung auf dieses Szenario erfolgen und die bisherige Strategie entsprechend angeglichen werden.

Zur Flexibilisierung der Gesamtstrategie sind beide Möglichkeiten einsetzbar. Bietet z.B. SGF A bei Szenario I und ein ähnliches SGF B bei Szenario II hohe Erfolgspotentiale, ist es denkbar, eines zu präferieren und es gleichzeitig mit variablen Anlagen und breit qualifiziertem Personal auszustatten, so daß ein Umsteigen in das nahestehende Geschäftsfeld gewährleistet ist, sollte die Entwicklung anders verlaufen.[345] Bei unterschiedlichen Erfolgspotentialen eines SGF unter alternativen Szenarien ist es denkbar intensitätsmäßige Anpassungen bewußt mit einzuplanen, um bei Bedarf möglichst schnell reagieren zu können.

Eine flexible Strategie bei Unsicherheit über den Austritt aus einem SGF ist bspw. den Ausstieg in mehreren Schritten vorzunehmen, so daß ein Umschwenken im Zeitablauf noch möglich ist.[346] Ressourcenbindungen lassen sich verringern, indem statt dem sofortigen Aufbau eines neuen SGF zunächst Produkte fremdbezogen werden, um den tatsächlichen Verlauf und damit eine endgültige Entscheidung abzuwarten. Dasselbe kann durch vorübergehende Mitbenutzung bereits vorhandener Kapazitäten oder durch Leasing von Anlagen oder Personal erreicht werden.[347] Ein Zukauf eines SGF der angesichts der Szenarien unterschiedlich zu bewerten ist, wird durch eine Beteiligung vorerst flexibel gestaltet.

---

[343] Vgl. Jacob (Aufgaben), S. 69; Voigt (Unternehmensplanung), S. 236.

[344] Vgl. Voigt (Unternehmensplanung), S. 236.

[345] Vgl. Taylor (Planning), S. 105.

[346] Vgl. Raub (Zauber), S. 292.

[347] Vgl. Jacob (Aufgaben), S. 70.

Eine flexible Strategie versucht der Unsicherheit zu begegnen, indem sie anpassungsfähig bleibt und bindende Entscheidungen von zugehenden Erkenntnissen über die tatsächliche Entwicklung abhängig macht. Die Kosten der Flexibilität ergeben sich daher zum einen aus der Bereitstellung und Nutzung (= konkrete Anpassung) flexibler Maßnahmen sowie aus geringeren Gewinnchancen aufgrund verzögerter Entscheidungen, die den Konkurrenten Wettbewerbsvorteile ermöglichen.[348] Diese Kosten reduzieren sich durch eine relativ frühe Festlegung auf eine Entwicklung.[349] Dazu können anhand der Szenarien mögliche Umsteigepunkte wie auch Faktoren mit Indikatorwirkung identifiziert und die weitere Beobachtung danach ausgerichtet werden.[350]

4.3.3 Parallele Strategien

Dieser Ansatz zielt darauf ab, sich mittels mehrerer Strategien parallel auf verschiedene Szenarien einzustellen. Daher werden zunächst wiederum für jedes Szenario getrennt Strategien entwickelt, die bei Eintritt dieser Zukunft günstig sind.

Eine Möglichkeit sich gleichzeitig auf mehrere Verläufe vorzubereiten, ist die parallele Durchführung der jeweilig optimalen Strategien, hier echte parallele Strategien genannt. Sobald eine eindeutige Entwicklung ersichtlich wird, erfolgt die Konzentration auf die dazu passende Strategie, während die anderen nicht weiter verfolgt werden. Auf diese Weise erfolgt eine Absicherung gegen alle Eventualitäten, die aus den verschiedenen Szenarien für das Unternehmen resultieren. Dazu ist allerdings anzumerken, daß die Szenarien nur Repräsentanten *möglicher* Zukünfte sind und so auch Entwicklungen eintreten können, die kein Szenario berücksichtigt, so daß die Unsicherheit keineswegs vollständig eliminiert ist.[351]

---

[348] Vgl. Voigt (Unsicherheit), S. 578f.; Porter (Wettbewerbsvorteile), S. 593.

[349] Vgl. Porter (Wettbewerbsvorteile), S. 593.

[350] Vgl. Reibnitz (Optionen), S. 61.

[351] Vgl. Tessun (Vortrag); Schoemaker (Use), S. 559.

Echte Parallelstrategien sind sehr ressourcenaufwendig und können daher nur von Unternehmen gefahren werden, die derartige Mittel substantiell besitzen.[352] In der Praxis spielt diese Möglichkeit daher eine untergeordnete Rolle, zumal sie auch höchst ineffizient ist, da den Aufwendungen zur Durchführung nicht weiter verfolgter Strategien kein direkter Erfolg gegenübersteht. Es entstehen sogar noch zusätzliche Kosten, falls bestehende Bindungen aus diesen Strategien nicht rechtzeitig gelöst werden können. Ein weiteres Problem ergibt sich aus der Unterschiedlichkeit der Szenarien. So ist es denkbar, daß sich zwei szenariospezifisch entwickelte Strategien gegenseitig widersprechen oder sogar ausschließen und damit nicht gleichzeitig umsetzbar sind.[353] Auch im Rahmen der Geschäftsfeldplanung sind echte parallele Strategien kaum umzusetzen, da die Zahl der SGFs, in die gleichzeitig investiert werden kann, meist beschränkt ist.

Eine weitere, in der Praxis relevantere Möglichkeit, sich simultan auf mehrere Szenarien einzustellen, ist die Eventualplanung. Durchgeführt wird im Gegensatz zum echten parallelen Ansatz nur eine Strategie, die auf einem zuvor festgelegten Szenario aufbaut. Die jeweiligen anderen werden als sogenannte Alternativ- oder Eventualstrategien berücksichtigt, d.h. sie werden für den Fall geplant, daß die Zukunft eintritt, für die sie ausgelegt sind. So wird im akuten Fall die Zeit eingespart, die zur Entwicklung und Durchsetzung benötigt wird.[354] In der durchzuführenden Strategie werden bereits Möglichkeiten zum Wechsel vorgesehen, so daß die verbleibende Reaktionszeit so gering wie möglich gehalten wird.[355] Ferner muß der tatsächliche Verlauf sorgfältig überwacht werden, um gegebenenfalls rechtzeitig die Strategie wechseln zu können, bevor weitere wesentliche Investitionen erfolgen.[356]

---

[352] Vgl. Porter (Wettbewerbsvorteile), S. 589.

[353] Vgl. Porter (Wettbewerbsvorteile), S. 591.

[354] Vgl. Whipple (Evaluating), S. 84.

[355] Vgl. Hamilton (Scenarios), S. 83; Fink/Schlake/Siebe (Szenario-Management), S. 49.

[356] Vgl. Reibnitz (Optionen), S. 167.

Für die Geschäftsfeldplanung bedeutet dies, daß die Strategie auf ein Ziel-Portfolio ausgerichtet wird, aber zugleich Maßnahmen geplant werden, die eine Anpassung des Portfolios an abweichende Entwicklungen ermöglicht. Diese Eventualstrategien enthalten somit Elemente, die den Rückzug oder den Austritt aus den für dieses Szenario ungünstigen SGFs vorsehen. Im Gegenzug beinhalten sie den Auf- bzw. Ausbau attraktiver SGFs. Je nach Einschätzung, wie welcher Wahrscheinlichkeit das jeweilige Szenario eintritt, werden die Alternativstrategien unterschiedlich detailliert ausgearbeitet. Aus dieser Erkenntnis heraus lassen sich bei der Umsetzung der zu realisierenden Strategie bereits Weichen stellen, die einen nötigen Wechsel begünstigen.

Parallele Strategien werden vor allem dann bevorzugt, wenn eine vernünftige Kompromißstrategie aufgrund der Unterschiedlichkeit der verschiedenen Szenarien nur schwer realisierbar ist.[357] Außerdem scheint dieser Ansatz geeignet, um zusätzlich zur regulären Planung sogenannte Krisenstrategien abzuleiten, auf die im Bedarfsfall zurückgegriffen wird.[358]

4.3.4 Strategie zur Beeinflussung von Szenarien

Eine die Szenarien beeinflussende Strategie erweitert die bisher genannten rein reaktiven Strategieansätze um proaktive Maßnahmen und stellt somit eine Ergänzung der bisherigen Ansätze dar. Sie versucht durch bewußte Einflußnahme den Eintritt eines Szenarios herbeizuführen oder zu verhindern, um daraus resultierende Chancen zu steigern bzw. Risiken zu reduzieren.[359]

Um eine Entwicklung zu beeinflussen, ist zunächst eine genaue Kenntnis der Haupteinflußfaktoren dieses Szenarios wichtig. Im Rahmen der Szenariofeld-Analyse kann nun versucht werden, durch die Identifikation von Faktoren, die vom Unternehmen lenkbar sind, Einfluß auf die szenariobe-

---

[357] Vgl. Meyer-Schönherr (Szenario-Technik), S. 75.

[358] Vgl. Fink/Schlake/Siebe (Szenario-Management), S. 48.

[359] Vgl. Götze (Planung), S. 111.

stimmenden Größen zu nehmen.[360] Eine Einflußnahme ist umso schwieriger, je stärker die Zukunftsbilder von nicht beeinflußbaren Faktoren dominiert werden. Zudem nimmt die Einflußmöglichkeit ab, je indirekter die Beziehung der Faktoren zum Unternehmen ist. Während Größen des Branchenumfeldes durchaus in einem gewissen Rahmen beeinflußbar sind, müssen Faktoren der globalen Umwelt meist als vorgegeben hingenommen werden. Weiterhin bestimmt die jeweilige Größe bzw. Stärke der Unternehmung die Lenkungsmöglichkeiten. Ein Marktführer besitzt z.b. mehr Möglichkeiten gewisse Bedingungen zu setzen als ein kleinerer Marktfolger. Zudem erfordert eine beeinflussende Strategie i.d.R. einen hohen Ressourcenbedarf, der bei größeren Unternehmen häufiger anzutreffen ist.[361] Dies schließt jedoch eine Einflußnahme durch kleinere Unternehmungen nicht aus.[362]

Haupteinflußbereiche strategischer Geschäftsfelder sind zusammengefaßt die zukünftigen Marktchancen sowie erreichbare Wettbewerbspositionen, bestimmt durch die zugehörigen Einflußfaktoren. Durch Erkennen der eigenen Lenkungsmöglichkeiten wird ein zusätzlicher Aktionsspielraum geschaffen. Es ist möglich eine Strategie zu entwerfen, die die erstrebenswerten Marktchancen bzw. Wettbewerbspositionen eines Szenarios aktiv herbeiführen soll. Durch eine verstärkte Wachstumsstrategie hinsichtlich eines SGF kann z.B. versucht werden, Eintrittsbarrieren für zukünftige Konkurrenten aufzubauen und sich damit Wettbewerbsvorteile zu sichern. Die Marktchancen für ein SGF lassen sich andererseits verbessern, indem bspw. speziell weitere SGFs gefördert werden, die einen Bedarf an Produkten bzw. Dienstleistungen des ersten SGF erzeugen. Verfolgt das Unternehmen eine solche proaktive Strategie, ist dies auch bei der anschließenden Gestaltung der detaillierteren Geschäftsbereichsstrategien zu berücksichtigen. Umgesetzt wird dies, indem ebenfalls beeinflussende Maßnahmen wie verstärktes Marketing oder Lobbyismus geplant werden.[363]

---

[360] Vgl. Tessun (Vortrag).

[361] Vgl. Götze (Planung), S. 111.

[362] Vgl. Reibnitz (Optionen), S. 166.

[363] Vgl. Linneman/Klein (Scenarios), S. 70.

Die Wahrnehmung von Einflußmöglichkeiten durch eine derartige Strategie ist besonders zweckmäßig, wenn die Planung hauptsächlich auf ein Szenario ausgelegt ist. Kosten der Beeinflussung entstehen durch einen stark erhöhten Ressourcenbedarf. Deshalb und aufgrund der begrenzten Einflußmöglichkeiten sind diese gegen den Nutzen abzuwägen, der durch Herbeiführen des Szenarios gewonnen wird.[364]

4.4 Einordnung der Strategieansätze

Die soeben vorgestellten Strategieansätze unterscheiden sich durch die Art, die Szenarien zu berücksichtigen sowie in der Anzahl zugrundegelegter Zukunftsbilder. Damit verbunden sind verschiedene Charakteristika dieser Ansätze, die bei der Strategiebestimmung einzubeziehen sind. Um die jeweiligen Unterschiede zu verdeutlichen, sollen diese im folgenden bezüglich dreier Kriterien beurteilt und eingeordnet werden.

4.4.1 Risiko aus der Unsicherheit über die zukünftige Entwicklung

Ein Kriterium ist das mit dem jeweiligen Ansatz verbleibende Risiko aus der Unsicherheit über die Zukunft im Vergleich zu möglichen Erfolgschancen. Es beeinflußt über die Risikobereitschaft der Entscheidungsträger maßgeblich die Entscheidung für oder gegen einen Ansatz. Eine Reduktion der Risiken bedeutet dabei zugleich immer einen Verzicht auf mögliche Erfolgspotentiale. Sie verringern sich umso mehr, je stärker die Absicherung erfolgt.

Das verbleibende Unsicherheitsrisiko einer Strategie und damit eines Strategieansatzes ergibt sich durch das Ausmaß, von einer Zukunft überrascht zu werden und / oder nicht rechtzeitig darauf reagieren zu können. Es ist umso höher, je einseitiger die Ausrichtung der Planung erfolgt sowie je geringer eventuelle Reaktionsmöglichkeiten sind. Am riskantesten ist daher die Konzentration auf ein Szenario, da alternative Szenarien allenfalls für

---

[364] Vgl. Porter (Wettbewerbsvorteile), S. 594.

eine Auswahl herangezogen und die Ressourcen i.d.R. frühzeitig gebunden werden. Das Risiko steigt außerdem mit Abnahme der Eintrittswahrscheinlichkeit des zugrundeliegenden Szenarios.

Es läßt sich jedoch durch Beeinflussung vermindern, indem die jeweilige Zukunft herbeigeführt und andere Entwicklungen verhindert werden sollen. Wie stark sich die Unsicherheit verringern läßt, ist unterdessen abhängig von den jeweiligen Einflußmöglichkeiten. Der Entwurf von Eventualstrategien für alternative Zukunftsbilder, auf die im Bedarfsfall gewechselt werden kann, bewirkt ebenfalls eine Risikoreduktion. Das verbleibende Risiko besteht lediglich darin, den Umsteigezeitpunkt nicht frühzeitig genug wahrzunehmen und nötige Mittel nicht rechtzeitig freisetzen zu können. Durch echte parallele Strategien läßt sich auch dieses vermeiden, da im Gegensatz zur Eventualplanung der Strategiewechsel entfällt. Dieser Strategieansatz ist daher als besonders risikoarm einzustufen.

Dieselbe Aussage trifft auch auf die Strategie zur Absicherung gegen Verluste zu, da sie speziell auf Risikominimierung ausgelegt ist. Ähnlich ist die robuste Strategie einzuordnen, die lediglich von zukünftigen Entwicklungen unabhängige Maßnahmen enthält und die Unsicherheit allein durch Abwarten minimiert, also für alle Szenarien offen ist. Auf ähnliche Weise wird versucht mit einer flexiblen Strategie die Unsicherheit zu vermindern. Allerdings werden bereits zusätzlich Bindungen in Richtung eines oder mehrerer Szenarien eingegangen. In welcher Höhe sich das Risiko reduziert, hängt deshalb von der Anpassungsfähigkeit dieser Bindungen an den realen Verlauf ab. Hinsichtlich des Risikos bei Anwendung von Entscheidungsregeln kann keine eindeutige Aussage getroffen werden, da die Wahl der anzuwendenden Regel die damit verbundenen Verlustmöglichkeiten bestimmt.[365]

---

[365] Vgl. zu den vorangegangenen Absätzen auch Porter (Wettbewerbsvorteile), S. 596; Götze (Planung), S. 109-112.

4.4.2 Überwachungsintensität

Da unabhängig vom gewählten Strategieansatz immer eine Entscheidung bei Ungewißheit getroffen wird, ist die Überwachung der tatsächlichen Entwicklung allgemein sehr wichtig, um mögliche Änderungen rechtzeitig wahrzunehmen und Modifikationen vornehmen zu können. Aus einem durch die Szenario-Erstellung gewonnenen Systemverständnis heraus lassen sich die wichtigsten Faktoren bestimmen, die für den jeweiligen Verlauf prägend sind. Indem die Überwachung im wesentlichen auf diese Faktoren beschränkt wird, besteht die Möglichkeit ein effektives Umweltbeobachtungssystem aufzubauen.[366]

Aus der Divergenz der verschiedenen Strategieansätze die Unsicherheit zu berücksichtigen, bestimmt sich jedoch eine unterschiedliche Bedeutung und Intensität der Überwachung. Konzentriert sich die Strategie lediglich auf ein Szenario, sollte der zukünftige Fortgang sehr sorgfältig beobachtet werden, da keine Sicherungsmaßnahmen vorgesehen sind und ein Strategiewechsel unvorbereitet durchgeführt werden muß. Durch Anwendung von Entscheidungsregeln wird die Strategie gewählt, die bei allen Szenarien aufgrund der angewandten Regel am günstigsten erscheint. Sie ist somit auf jedes Zukunftsbild mehr oder weniger gut vorbereitet; eine Anpassung an veränderte Entwicklungen ist daher vom Ansatz her nicht vorgesehen.

Analog ist die Strategie zur Absicherung gegen Verluste zu sehen. Diese wird so konzipiert, daß sie für jedes Szenario unter dem Aspekt der Risikovermeidung geeignet ist. Deshalb ist auch hier eine Angleichung der Strategie an einen veränderten Verlauf vom Ansatz her nicht nötig. Da die Absicherung allerdings in erhöhtem Maße zu Lasten von Erfolgspotentialen geschieht, kann die rechtzeitige Erkenntnis über die tatsächliche Entwicklung vorteilhaft sein, um diese gegebenenfalls doch noch wahrzunehmen.

Die robuste Strategie beschränkt sich zunächst auf Maßnahmen, die sich bei jedem Szenario entsprechend ausbauen lassen, und macht weitere Schritte explizit vom tatsächlichen Verlauf abhängig. Damit wird der Um-

---

[366] Vgl. zu diesem Absatz Porter (Wettbewerbsvorteile), S. 597f.

weltbeobachtung hier ebenfalls eine bedeutende Rolle zugemessen; je früher eine Festlegung möglich ist, desto größer sind die Chancen, Wettbewerbsvorteile zu erreichen. Eine flexible Strategie erfordert ebenso wie der robuste Ansatz eine sorgfältige Überwachung zukünftigen Geschehens, da in beiden Fällen Entscheidungen zurückgestellt werden. Zusätzlich beinhaltet die Strategie noch Maßnahmen, die ausdrücklich Anpassungsmöglichkeiten an das jeweils eintretende Szenario vorsehen. So hängt auch der Erfolg dieses Ansatzes stark von der Erkenntnis über die reale Entwicklung ab.

Die Überwachungsintensität bei der Planung von Eventualstrategien steht in Analogie zur Konzentration auf ein Szenario, mit dem Unterschied, daß ein möglicher Strategiewechsel bereits eingeplant ist, d.h. spezielle Beobachtungszeitpunkte bereits festgelegt sind. Echte parallele Strategien benötigen daher Informationen über die aktuelle Entwicklung, um sich rechtzeitig von irrelevanten Standbeinen zu trennen und so den Mittelbedarf zu verringern.[367]

4.4.3 Ressourcenbedarf

Ein weiteres Unterscheidungsmerkmal und Auswahlkriterium ist der gesamte sowie über die Zeit gesehene Ressourcenbedarf. Generell kann festgestellt werden, daß eine Ausrichtung der Planung auf mehrere Szenarien i.d.R. ressourcenaufwendiger ist als nur eine Zukunft zu berücksichtigen.

Die Konzentration auf ein Szenario erfordert daher im Vergleich zur herkömmlichen Planung unter Sicherheit keine zusätzlichen Mittel. Deren Verwendung wird von vornherein festgelegt und bleibt dem Ansatz nach im Zeitablauf konstant. Gleiches gilt für eine Strategie, die unter Anwendung von Entscheidungsregeln ausgewählt wurde. Sie unterscheidet sich lediglich dahingehend, daß bei der Auswahl alternative Szenarien zugrunde gelegt wurden. Sind zusätzlich Eventualstrategien geplant, ist der Ressourcenbedarf zunächst genauso zu beurteilen. Um die Alternativpläne jedoch

---

[367] Vgl. zu dem vorangegangen Absatz auch Götze (Planung), S. 109-112.

gegebenenfalls umsetzen zu können, sind meist zusätzliche Mittel nötig. So sind bereits bei deren Entwurf entsprechende Reserven vorzusehen, die den Bedarf an Ressourcen erhöhen, solange die Entwicklung nicht eindeutig ersichtlich ist. Echte parallele Strategien erfordern hingegen von Beginn an einen enormen Mehraufwand an Mitteln, da gleichzeitig für mehrere Zukünfte geplant und investiert werden muß. Sobald jedoch feststellbar ist, welches Szenario eintritt, verringert sich die Ressourcenbindung dementsprechend und es werden im Rahmen der Möglichkeiten Mittel wieder freigesetzt.

Bei Verlustabsicherung bereitet man sich ebenfalls auf mehrere Zukünfte vor, wenn auch in abgeschwächter Form wie echte parallele Strategien. Sie sind deshalb genauso als ressourcenintensiv einzuordnen. Wenngleich aus einem anderen Grund, gilt dasselbe für eine beeinflussende Strategie. Der erhöhte Mittelbedarf ergibt sich bei diesem Ansatz aus dem Versuch, die externe Entwicklung indirekt zu steuern. Im Gegensatz dazu wartet die robuste Strategie bewußt passiv den Verlauf ab, indem lediglich robuste erste Schritte unternommen und damit frühzeitige Mittelbindungen vermieden werden. Der Ressourcenbedarf ist deshalb zunächst geringer als bei anderen Ansätzen. Er steigt jedoch im Laufe der Zeit an, wenn weitere Schritte folgen.

Eine flexible Strategie läßt sich hinsichtlich des Ressourcenbedarfs nur schwer einordnen. Einerseits werden wie bei einer robusten Strategie mittelintensive Investitionen zurückgestellt, andererseits werden zugleich an unterschiedliche Szenarien anpassungsfähige Maßnahmen ergriffen, die im Vergleich zu inflexiblen Elementen mehr Ressourcen durch Kosten der Flexibilität verbrauchen. Folglich bestimmt sich der Mittelbedarf je nach Art der angestrebten schwerpunktmäßigen Flexibilität. Er nimmt im Zeitablauf zu, da zurückgestellte Entscheidungen umgesetzt und konkrete Anpassungen vorgenommen werden.[368]

---

[368] Vgl. zu diesem Gliederungspunkt auch Porter (Wettbewerbsvorteile), S. 595; Götze (Planung), S. 109-112.

4.5 Strategiebestimmung

Die Bestimmung der umzusetzenden Strategie erfolgt letztendlich unternehmensspezifisch unter Berücksichtigung der vorgestellten Ansätze. Sie werden allerdings kaum in ihrer Reinform, sondern häufig kombiniert angewandt. So kann bspw. eine Absicherung gegen Verluste möglichst flexibel erfolgen. Auch in bezug auf verschiedene SGFs können unterschiedliche Ansätze verwandt werden. Denkbar ist z.b. die Entscheidung zwischen zwei konkurrierenden SGFs zunächst zurückzustellen, während für ein weiteres SGF bereits Maßnahmen in Richtung eines Szenarios bei gleichzeitiger Eventualplanung unternommen werden. Nach welchen Ansätzen eine Strategie ausgestaltet bzw. ausgewählt wird, hängt von einer Reihe von Kriterien ab.[369]

So beeinflußt die Ausgangsposition der Unternehmung hinsichtlich vorhandener und potentieller Ressourcen neben ihren Einflußmöglichkeiten auf die Umwelt die Wahl der Ansätze. Die Risikobereitschaft der Entscheidungsträger stellt einen weiteren Einflußfaktor dar, da die Ansätze wie gezeigt unterschiedliche Risiken bei unterschiedlichen Chancen beinhalten.[370] Der Zeitraum, für den die Strategie entwickelt wird, beeinträchtigt die Wahl in der Beziehung, indem er zum einen den Grad der Unsicherheit bestimmt und zum anderen die Zeitspanne bis zur Umsetzung bedingt. Je langfristiger daher die Strategie geplant wird, desto eher läßt sich diese auch angesichts ihrer Anpassungsfähigkeit hinsichtlich steigender Unsicherheit flexibel oder robust gestalten.[371] Je kürzer umgekehrt der Planungshorizont ist, desto geringer ist die Unsicherheit. Entscheidungen, die deshalb sofort zu treffen sind, können stärker auf ein Szenario gestützt werden.[372]

---

[369] Vgl. zu den folgenden Absätzen auch Porter (Wettbewerbsvorteile), S. 595-597; Götze (Planung), S. 110-111.

[370] Vgl. Linneman/Kennell (Approach), S. 149.

[371] Vgl. Schäfer (Vortrag).

[372] Vgl. Stümke (Planung), S. 343.

Ebenfalls eine Rolle bei der Wahl der Strategie spielt das tatsächliche oder erwartete Verhalten der Konkurrenten in den SGFs, verbunden mit den Möglichkeiten Wettbewerbsvorteile zu erreichen. Entscheidungsverzögernde bzw. absichernde Strategien treten immer dann in den Hintergrund, wenn sich durch einen strategischen Vorsprung entscheidende Vorreitervorteile erzielen lassen. Dies ist unter anderem von den Entscheidungen der Konkurrenz abhängig. Plant diese eher robust bzw. flexibel, kann durch eine sofortige Festlegung der Strategie auf ein Szenario versucht werden, den Wettbewerbern zuvorzukommen. Hat sich ein Konkurrent dagegen bereits erkennbar an eine Strategie gebunden und somit mögliche Vorreitervorteile verringert, wird die eigene Entscheidung stärker vom zukünftigen Verlauf abhängig gemacht, um den Wettbewerbern durch eine höhere Anpassungsfähigkeit zu begegnen.

Schließlich bedingen die einzelnen Branchenstrukturen der SGFs bezüglich der Kapitalintensität und der Entwicklungsdynamik die Wahl der Strategie. Mit zunehmender Kapitalintensität wird eine gleichzeitige Vorbereitung auf mehrere Szenarien erschwert. Eine starke Branchendynamik hingegen erhöht die Unsicherheit und macht eine häufigere Anpassung nötig.

Unter Berücksichtigung dieser Faktoren sollte abschließend eine Unternehmensgesamtstrategie so bestimmt werden, daß sie - stark vereinfacht - als Mindestanforderung die Überlebensfähigkeit des Unternehmens bei jedem Szenario gewährleistet.[373]

---

[373] Vgl. Ilsemann (Zukunft), S. 116.

5 Kritische Beurteilung und Ausblick

An dieser Stelle soll nun zusammenfassend der Einsatz des Szenario-Managements zur Geschäftsfeldplanung kritisch beleuchtet werden. Die Erstellung alternativer, konsistenter Zukunftsbilder führt zur Auseinandersetzung mit einer vielfältigen, ungewissen Zukunft. Die Entscheidungsträger werden auf verschieden mögliche Entwicklungsrichtungen und Störereignisse aufmerksam gemacht, die sie durch die dargestellten Ansätze bei der Ausrichtung ihrer SGFs berücksichtigen können. Allerdings setzt dies die Akzeptanz der Szenarien bzw. der gesamten Methodik bei den Entscheidungsträgern voraus, die zunächst erreicht werden muß.[374] Akzeptanzprobleme treten vor allem dann auf, wenn die Entscheidungsträger an der Erstellung selbst nicht bzw. kaum beteiligt gewesen sind. Sie legen statt dessen verstärkt ihre eigenen, evtl. eingleisigen Zukunftsvorstellungen zugrunde, zumal die Geschäftsfeldplanung für nur eine Zukunft einfacher zu gestalten ist. Die Implementierung der Szenarien stellt damit ein Hauptproblem des Szenario-Managements dar.

Des weiteren hängt der Nutzen der Szenarien stark von deren Güte ab. Diese wird wiederum individuell durch die Sichtweise der Ersteller, deren Stellung im Unternehmen und deren Wissen und Erfahrungen, sowohl im Hinblick auf notwendige Informationen als auch auf die eingesetzten Verfahren, beeinflußt. Zudem richtet sich die Güte nach den verarbeitenden Informationen und Informationsquellen. Die Vorteilhaftigkeit des Szenario-Managements kann daher nicht pauschal bejaht oder verneint werden; sie ergibt sich vielmehr aus der spezifischen Anwendung im Einzelfall.[375]

Neben der Geschäftsfeldplanung stellen die Bestimmung von Geschäftsbereichsstrategien oder die Beurteilung von langfristigen Einzelentscheidungen weitere Einsatzmöglichkeiten des Szenario-Managements dar.[376] Zusätzlich zur Nutzung für diese konkreten Entscheidungssituationen können

---

[374] Vgl. Gomez (Strategieplanung), S. 11.

[375] Vgl. Lehnen (Szenariotechnik), S. 75.

[376] Siehe Hammer/Reibnitz (Strategische), S. 4/472f.

die gewonnenen Erkenntnisse dazu verwendet werden, für die Zukunft solche Faktoren zu ermitteln, die als Indikatoren bestimmte Entwicklungen andeuten. So besteht die Möglichkeit, ein effektives Frühwarnsystem aufzubauen und dieses durch Verknüpfung mit einem internen Überwachungssystem sowie einem funktionierenden Controlling zu einem Risikomanagementsystem zu erweitern.[377] Durch das Gesetz zur Kontrolle und Transparenz im Unternehmensbereich (KonTraG), das den Vorstand verstärkt in die Verantwortung nimmt, ein solches System im eigenen Unternehmen zu installieren, gewinnt dies immer stärker an Bedeutung und verdient eine ausführlichere Betrachtung.

---

[377] Vgl. Lück (Elemente), S. 9.

Literaturverzeichnis

Agustoni, H.:

Szenarien: Technik oder Flop?, in: io-Management, 52. Jg. (1983), H. 9,
S. 319-321.
Agustoni (Szenarien).

Albach, H.:

Strategische Unternehmensplanung bei erhöhter Unsicherheit, in: ZfB,
48. Jg. (1978), H. 8, S. 702-715.
Albach (Unsicherheit).

Amara, R.; Lipinski, A.:

Business Planning for an Uncertain Future, 2. Aufl., New York u.a. 1984.
Amara/Lipinski (Planning).

Angermeyer-Naumann, R.:

Szenarien und Unternehmenspolitik, München 1985.
Angermeyer-Naumann (Szenarien).

Backhaus, K. u.a.:

Multivariate Analysemethoden, 7. Aufl., Berlin u.a. 1994.
Backhaus (Analyse).

Bea, F. X.; Haas J.:

Strategisches Management, 2. Aufl., Stuttgart 1997.
Bea/Haas (Management).

Beck, P. W.:

Corporate Planning for an Uncertain Future, in: Long Range Planning,
15. Jg. (1982), H. 4, S. 12-21.
Beck (Corporate).

Becker, A.; List, St.:

Die Zukunft gestalten mit Szenarien, in: Zerres, M.P.; Zerres, I. (Hrsg.):
Unternehmensplanung, Frankfurt a. M. 1997, S. 35-54.
Becker/List (Zukunft).

Becker, J.:

Marketing-Konzeption, 5. Aufl., München 1993.
Becker (Marketing).

Böcker, F.; Müller-Heumann, G.:

Kreative Techniken, in: WiSt, 4. Jg. (1975), H. 11, S. 545-547.
Böcker/Müller-Heumann (Techniken).

Brauers, J.; Weber, M.:

Szenarioanalyse als Hilfsmittel der strategischen Planung:
Methodenvergleich und Darstellung einer neuen Methode, in: ZfB,
56. Jg. (1986), H. 7, S. 631-652.
Brauers/Weber (Szenarioanalyse).

Buchinger, G.:

Umfeldanalysen für das strategische Management, Wien 1983.
Buchinger (Umfeldanalysen).

Bückmann, W.; Kolb D.:

Die Szenario-Methode in der integrierten Umweltplanung, in: Analysen
und Prognosen, 10. Jg. (1978), H. 56, S. 25-27.
Bückmann/Kolb (Szenario-Methode).

Dunst, K. H.:

Portfolio-Management, 2. Aufl., Berlin, New York 1983.
Dunst (Portfolio-Management).

Ehrmann, H.:

Unternehmensplanung, 2. Aufl., Ludwigshafen 1997.
Ehrmann (Unternehmensplanung).

Eisenführ, F.:

Entscheidungstheoretische Planungshilfen, in: Szyperski, N.; Winand, U.
(Hrsg.): Handwörterbuch der Planung, Stuttgart 1989, Sp. 397-406.
Eisenführ (Planungshilfen).

Fink, A.; Schlake O.; Siebe A.:

Szenario-Management - Grundlage der Unternehmensgestaltung, in:
Gausemeier, J.; Fink, A.; Schlake O. (Hrsg.): Grenzen überwinden -
Zukünfte gestalten: 2. Paderborner Konferenz für Szenario-Management,
Paderborn 1998, S. 31-50.
Fink/Schlake/Siebe (Szenario-Management).

Frese, E.:

Grundlagen der Organisation, 7. Aufl., Wiesbaden 1998.
Frese (Organisation).

Gälweiler, A.:

Strategische Unternehmensführung, 2. Aufl., Frankfurt a. M., New York
1990.
Gälweiler (Strategische).

Gausemeier, J.; Fink, A.; Schlake, O.:

Szenario-Management - Planen und Führen mit Szenarien, 2. Aufl.,
München, Wien 1996.
Gausemeier/Fink/Schlake (Szenario-Management).

Gerl, K.; Roventa, P.:

Strategische Geschäftseinheiten - Perspektiven aus der Sicht des strategischen Managements, in: ZfbF, 33. Jg. (1981), H. 9, S. 843-858. Gerl/Roventa (Geschäftseinheiten).

Geschka, H.; Hammer, R. M.:

Die Szenario-Technik in der strategischen Unternehmensplanung, in: Hahn, D.; Taylor, B. (Hrsg.): Strategische Unternehmensplanung - strategische Unternehmensführung, 7. Aufl., Heidelberg 1997, S. 464-489. Geschka/Hammer (Szenario-Technik).

Geschka, H.; Reibnitz, U. v.:

Szenario-Technik - ein Instrument der Zukunftsanalyse und der strategischen Planung, in: Töpfer, A.; Afheldt, H. (Hrsg.): Praxis der strategischen Unternehmensplanung, 2. Aufl., Landsberg/ Lech 1987, S. 125-170. Geschka/Reibnitz (Zukunftsanalyse).

Geschka, H.; Winckler, B.:

Szenarien als Grundlagen strategischer Unternehmensplanung, in: technologie & management, 3. Jg. (1989), H. 4, S. 16-23. Geschka/Winckler (Szenarien).

Godet, M.:

Scenarios and Strategic Management, London u.a. 1987. Godet (Scenarios).

Gomez, P.:

So verwenden wir Szenarien für Strategieplanung und Frühwarnsystem, in: io-Management, 51. Jg. (1982), H. 1, S. 9-13. Gomez (Strategieplanung).

Gomez, P.; Escher, F.:

Szenarien als Planungshilfen, in: io-Management, 49. Jg. (1980), H. 9,
S. 416-420.
Gomez/Escher (Szenarien).

Götze, U.:

Szenario-Technik in der strategischen Unternehmensplanung, 2. Aufl.,
Wiesbaden 1993.
Götze (Szenario-Technik).

Götze, U.:

Strategische Planung auf der Grundlage von Szenarien, in: Bloech, J. u.a.
(Hrsg.): Strategische Planung - Instrumente, Vorgehensweisen und
Informationssysteme, Heidelberg 1994, S. 101-124.
Götze (Planung).

Hamilton, R. H.:

Scenarios in Corporate Planning, in: Journal of Business Strategy,
2. Jg. (1981), H. 2, S. 82-87.
Hamilton (Scenarios).

Hammer, R. M.:

Unternehmensplanung, 7. Aufl., München, Wien 1998.
Hammer (Planung).

Hammer, R. M.; Reibnitz, U. v.:

Strategische Unternehmensführung mit Szenario-Technik, in: Löhn, J.
(Hrsg.): Der Innovationsberater, Freiburg 1982, S. 4/441-4/477.
Hammer/Reibnitz (Strategische).

Hanssmann, F.:

Robuste Planung, in: Szyperski, N.; Winand, U. (Hrsg.): Handwörterbuch der Planung, Stuttgart 1989, Sp. 1758-1764.
Hanssmann (Planung).

Hinterhuber, H. H.:

Strategische Unternehmensführung, Band 1, Strategisches Denken, 6. Aufl., Berlin, New York 1996.
Hinterhuber (Denken).

Hinterhuber, H. H.:

Strategische Unternehmensführung, Band 2, Strategisches Handeln, 6. Aufl., Berlin, New York 1996.
Hinterhuber (Handeln).

Hoffmann, V.:

Szenarien im strategischen Planungsprozeß der Shell Gruppe, in: Droege, W.; Backhaus, K.; Weiber, R. (Hrsg.): Strategien für Investitionsgütermärkte. Antworten auf Herausforderungen, Landsberg/ Lech 1993.
Hoffmann (Szenarien).

Huss, W.; Honton, E.:

Scenario Planning - What Style Should You Use, in: Long Range Planning, 20. Jg. (1987), H. 4, S. 21-29.
Huss/Honton (Scenario).

Ilsemann, W. v.:

Die geteilte Zukunft - Szenarioplanung bei Shell, in: Manager Magazin, 10. Jg. (1980), H. 5, S. 115-123.
Ilsemann (Zukunft).

Jacob, H.:

Die Aufgaben der strategischen Planung - Möglichkeiten und Grenzen
(Teil 2), in: Jacob, H. (Hrsg.): SzU, Band 30, Strategisches Management 2,
Wiesbaden 1983.
Jacob (Aufgaben).

Jacob, H.:

Flexibilität und ihre Bedeutung für die Betriebspolitik, in: Adam, D. u.a.
(Hrsg.): Integration und Flexibilität, Wiesbaden 1990, S. 15-60.
Jacob (Flexibilität).

Kahn, H.; Wiener, A.:

Ihr werdet es erleben, 4. Aufl., Wien, München, Zürich 1968.
Kahn/Wiener (Erleben).

Kaluza, B.; Ostendorf, R.:

Szenario-Technik als Instrument der strategischen Unternehmensplanung -
Theoretische Betrachtung und empirische Überprüfung in der
Autoindustrie, Duisburg 1995.
Kaluza/Ostendorf (Szenario-Technik).

Knauer, P.:

Zur Aussagefähigkeit und Anwendbarkeit der Szenario-Methode, in:
Analysen und Prognosen, 10. Jg. (1978), H. 55, S. 13-15.
Knauer (Aussagefähigkeit).

Kneschaurek, F.:

Szenarienanalysen, in: Buchinger, G. (Hrsg.): Umfeldanalysen für das
strategische Management, Wien 1983, S. 311-326.
Kneschaurek (Szenarienanalysen).

Kötzle, A.:

Die Identifikation strategisch gefährdeter Geschäftseinheiten, Berlin 1993.
Kötzle (Identifikation).

Krause, H.-U.:

Gewinnung, Verarbeitung und Aufbereitung von Informationen für die
Geschäftsfeldplanung, Gießen 1984.
Krause (Geschäftsfeldplanung).

Kreikebaum, H.:

Strategische Unternehmensplanung, 6. Aufl., Stuttgart, Berlin, Köln 1997.
Kreikebaum (Strategische).

Kreilkamp, E.:

Strategisches Management und Marketing, Berlin, New York 1987.
Kreilkamp (Management).

Lehnen, F.:

Die Szenariotechnik in der Unternehmensplanung, in: ZfbF-
Kontaktstudium, 31. Jg. (1979), H. 4, S. 71-75.
Lehnen (Szenariotechnik).

Link, J.:

Organisation der strategischen Planung, Heidelberg, Wien 1985.
Link (Organisation).

Linneman, R. E.; Kennell, J. D.:

Shirt-sleeve Approach to Long-range Plans, in: Harvard Business Review,
56. Jg. (1977), H. 2, S. 141-150.
Linneman/Kennell (Approach).

Linneman, R. E.; Klein, H. E.:

Using Scenarios in Strategic Decision Making, in: Business Horizon, 28. Jg. (1985), H. 1, S. 64-74.
Linneman/Klein (Scenarios).

Lück, W.:

Elemente eines Risiko-Managementsystems, in: DB, 51. Jg. (1998), Heft 1/2, S. 8-14.
Lück (Elemente).

Meyer-Schönherr, M.:

Szenario-Technik, Ludwigsburg, Berlin 1992.
Meyer-Schönherr (Szenario-Technik).

Mißler-Behr, M.:

Methoden der Szenarioanalyse, Wiesbaden 1993.
Mißler-Behr (Methoden).

Moyer, K.:

Scenario Planning at British Airways - A Case Study, in: Long Range Planning, 29. Jg. (1996), H. 2, S. 172-181.
Moyer (Scenario).

Müller, T.:

Szenarioplanung mit Personalcomputern, in: ZfO, 55. Jg. (1986), H. 3, S. 195-198.
Müller (Szenarioplanung).

Neubauer, F.-F.:

Portfolio-Management, 3. Auflage, Neuwied 1989.
Neubauer (Portfolio).

Nötzold, M.:

Unternehmensstrategien, Wien 1994.
Nötzold (Strategien).

Oberkampf, V.:

Szenario-Technik - Darstellung der Methodik, Frankfurt a. M. 1976.
Oberkampf (Szenario-Technik).

Porter, M. E.:

Wettbewerbsvorteile, 4. Aufl., Frankfurt a. M., New York 1996.
Porter (Wettbewerbsvorteile).

Probst, G. J. B.:

Organisation, Landsberg/Lech 1992.
Probst (Organisation).

Raub, S. P.:

Vom Zauber des „ultimativen Wettbewerbvorteils"..., in: ZfO,
67. Jg. (1998), H. 5, S. 290-293.
Raub (Zauber).

Reibnitz, U. v.:

Szenarien - Optionen für die Zukunft, Hamburg u.a. 1987.
Reibnitz (Optionen).

Reibnitz, U. v.:

Szenarioplanung, in: Szyperski, N.; Winand, U. (Hrsg.): Handwörterbuch
der Planung, Stuttgart 1989, Sp. 1980-1996.
Reibnitz (Szenarioplanung).

Reibnitz, U. v.:

Szenario-Technik - Instrumente für die unternehmerische und persönliche
Erfolgsplanung, 2. Aufl., Wiesbaden 1992.
Reibnitz (Szenario-Technik).

Ringland, G.:

Scenario planning, Chichester 1998.
Ringland (Scenario).

Ruhland, J.:

Quantitative Energiekrisenplanung, München 1987.
Ruhland (Quantitative).

Scherm, E.:

Die Szenario-Technik - Grundlage effektiver strategischer Planung, in:
WISU, 21. Jg. (1992), H. 5, S. 95-97.
Scherm (Szenario-Technik).

Schlicksupp, H.:

Kreativitätstechniken , in: Szyperski, N.; Winand, U. (Hrsg.):
Handwörterbuch der Planung, Stuttgart 1989, Sp. 930-943.
Schlicksupp (Kreativitätstechniken).

Schnaars, S. P.:

How to Develop and Use Scenarios, in: Long Range Planning,
20. Jg. (1987), H. 1, S. 105-114.
Schnaars (Develop).

Schneider, E.; Voss, K.:

Call-Center neben dem Stahlwerk, in: Handelsblatt, Nr. 159 vom
20.08.1998, S. 2.
Schneider/Voss (Call-Center).

Schoemaker, P.:

When and How to Use Scenario Planning: A Heuristic Approach with
Illustration, in: Journal of Forecasting, 10. Jg. (1991), o. H., S. 549-564.
Schoemaker (Use).

Schoemaker, P.:

Scenario Planning: A Tool for Strategic Thinking, in: Sloan Management
Review, 26. Jg. (1995), H. 2, S. 25-40.
Schoemaker (Scenario).

Schwartz, P.:

The Art of the Long View, New York 1991.
Schwartz (View).

Speck, P.:

Auszubildenden-Bedarfsplanung mit Hilfe der Szenario-Technik, in: ZfbF,
41. Jg. (1989), H. 3, S. 235-243.
Speck (Bedarfsplanung).

Steinmann, H., Schreyögg, G.:

Management, 4. Aufl., Wiesbaden 1997.
Steinmann/Schreyögg (Management).

Stümke, W.:

Strategische Planung bei der Deutschen Shell AG, in: Steinmann, H.
(Hrsg.): Planung und Kontrolle, München 1981, S. 331-347.
Stümke (Planung).

Taylor, B.:

Strategic Planning - Which Style do you need?, in: Hahn D.; Taylor, B.
(Hrsg.): Strategische Unternehmensplanung - strategische
Unternehmensführung, 5. Aufl., Heidelberg 1990, S. 90-109.
Taylor (Planning).

Tessun, F.:

Szenarien in der Luft- und Raumfahrtindustrie, in: Gausemeier, J.; Fink, A.; Schlake, O. (Hrsg.): Grenzen überwinden - Zukünfte gestalten: 2. Paderborner Konferenz für Szenario-Management, Paderborn 1998, S. 111-126.
Tessun (Szenarien).

Ulrich, H.; Probst, G. B. J.:

Anleitung zum ganzheitlichen Denken und Handeln, 3. Aufl., Bern, Stuttgart 1991.
Ulrich/Probst (Anleitung).

Vester, F.:

Ausfahrt Zukunft, 2. Aufl., München 1990.
Vester (Ausfahrt).

Voigt, K.-I.:

Strategische Planung und Unsicherheit, Wiesbaden 1992.
Voigt (Unsicherheit).

Voigt, K.-I.:

Strategische Unternehmensplanung: Grundlagen - Konzepte - Anwendung, Wiesbaden 1993.
Voigt (Unternehmensplanung).

Wack, P.:

Szenarien: Unbekannte Gewässer voraus, in: Harvard Manager - Strategie und Planung, Band 2, Hamburg o. J., S. 111-128.
Wack (Szenarien).

Whipple, W. III.:

Evaluating Alternative Strategies using Scenarios, in: Long Range
Planning, 22. Jg. (1989), H. 3, S. 82-86.
Whipple (Evaluating).

Winand, U.; Mußhoff, H.-J.:

Geschäftsfeldsegmentierung, in: Szyperski, N.; Winand, U. (Hrsg.):
Handwörterbuch der Planung, Stuttgart 1989, Sp. 579-590.
Winand/Mußhoff (Geschäftsfeldsegmentierung).

Zerres, M. P.:

Die Szenario-Technik, in: Archiv für das Post- und Fernmeldewesen,
41. Jg. (1989), H. 1, S. 58-61.
Zerres (Szenario-Technik).

Sonstige Quellen

Schäfer, G.:

Methodische und IT-basierte Unterstützung strategischer
Entscheidungsprozesse, Vortrag auf der 2. Paderborner Konferenz für
Szenario Management, Grenzen überwinden - Zukünfte gestalten, Heinz
Nixdorf Institut, Paderborn, 24.11.1998.
Schäfer (Vortrag).

Tessun, F.:

Szenarien in der Luft- und Raumfahrtindustrie, Vortrag auf der
2. Paderborner Konferenz für Szenario Management, Grenzen überwinden
- Zukünfte gestalten, Heinz Nixdorf Institut, Paderborn, 24.11.1998.
Tessun (Vortrag).

www.ingramcontent.com/pod-product-compliance
Lightning Source LLC
Chambersburg PA
CBHW020839210326
41598CB00019B/1956